中国民族医药学会
图书出版规划项目

中国壮医药文库

U0138215

项目支持

全国中医药创新骨干人才项目（国中医药人教函〔2019〕128号）

中国民族医药学会图书出版规划项目（ZMTS21013）

广西中医外治法示范基地项目（桂中医药医发〔2019〕14号）

广西中医药适宜技术开发与推广项目（GZSY22-47）

广西中医药大学附属国际壮医医院「青苗工程」项目（2022001）

中国民族医药学会图书出版规划项目

实用壮医外治技术

史 明 张文捷 主 编

广西科学技术出版社

图书在版编目（CIP）数据

实用壮医外治技术 / 史明，张文捷主编 .—南宁：
广西科学技术出版社，2022.6（2023.10 重印）
ISBN 978-7-5551-1791-9

Ⅰ.①实… Ⅱ.①史… ②张… Ⅲ.①壮医—外治法
Ⅳ.① R291.8

中国版本图书馆 CIP 数据核字（2022）第 097553 号

SHIYONG ZHUANGYI WAIZHI JISHU

实用壮医外治技术

史　明　张文捷　主编

责任编辑：黎志海　吴桐林　　　　　　装帧设计：韦宇星
责任校对：吴书丽　　　　　　　　　　责任印制：韦文印

出 版 人：卢培钊　　　　　　　　　　出版发行：广西科学技术出版社
社　　址：广西南宁市东葛路 66 号　　邮政编码：530023
网　　址：http://www.gxkjs.com

经　　销：全国各地新华书店
印　　刷：广西壮族自治区地质印刷厂
地　　址：南宁市建政东路 88 号　　　邮政编码：530023
开　　本：787 mm × 1092 mm　　1/16
字　　数：223 千字　　　　　　　　　印　　张：13.75
版　　次：2022 年 6 月第 1 版　　　　印　　次：2023 年 10 月第 2 次印刷
书　　号：ISBN 978-7-5551-1791-9
定　　价：38.00 元

《实用壮医外治技术》编委会 *

主　编：史　明　张文捷

副主编：李　健　李同林　梁　亮　刘明伟　麦敏军
　　　　祁　文　谢　进　杨瑞霞　张安东　张　勇

编　委：包一涵　程胜军　崔　伟　邓松华　韩　杰
　　　　黄加放　黄健军　雷剑飞　李芳梅　李红波
　　　　李　松　李小峰　李智斐　罗富礽　罗　满
　　　　农志宁　欧冬全　彭　宇　舒莉莉　唐　成
　　　　唐广军　汪丽伟　王成龙　王　辉　王贤明
　　　　王朝晖　魏亚新　谢昌奋　谢富荣　许仕龙
　　　　杨宝应　杨承旺　杨汉立　杨艺楠　张　聃
　　　　张洪瑞　钟丽雁　钟锡锋　周鑫玲　主伟将

前　言

　　壮医学是中国医学的重要组成部分，壮族地区受气候、环境及民族习惯等因素影响，形成了偏重外治的壮医临床实践风格。壮医外治技术是壮医临床上极具特色、应用广泛、疗效可靠的实践技能，注重外治是壮医学术体系尤为鲜明的特点之一。壮医外治疗法种类丰富，包括壮医针刺疗法、壮医针挑疗法、壮医药线点灸疗法、壮医药热熨疗法、壮医莲花针拔罐逐瘀疗法、壮医药物竹罐疗法等，在临床各个专科均多有运用，其独特的临床疗效和深厚的文化底蕴得到广大医患的认可。

　　广西国际壮医医院作为国家区域中医诊疗中心（壮医）建设单位及中医外治示范基地，汇集了众多学者对壮医外治技术进行深入挖掘、整理和研究，开展了大量壮医外治临床及科研工作。本书由该院的壮医学专家及临床医生共同编写，书中列举的每一项外治技术都在诊疗工作中被广泛应用，且疗效得到临床证实。本书内容紧扣临床工作，注重实用性与实效性，坚持科学性与规范化，可作为民族医药临床工作者的便携参考用书。希望本书的出版，能够使壮医外治技术得到普及和传承，为弘扬民族医药文化发挥作用，为医疗卫生事业做出贡献。

　　本书在编写过程中得到了中国民族医药学会和广西中医药大学的大力支持，更得到了广西国际壮医医院领导和专家的鼎力帮助，在此表示衷心的感谢！

　　本书的编写还有不妥或疏漏之处，诚望各位专家和广大读者多提宝贵意见。

编　者

2022 年 1 月 18 日

目　录

上篇　壮医外治技术总论

下篇　壮医外治技术各论

上篇

壮医外治技术总论

第一章　壮医外治技术概述

壮医学是中国医学的重要组成部分，其萌芽于先秦时期，经历两汉六朝的实践与探索，在唐宋时期以后得到较快发展，具有悠久的历史和丰富的内容。

岭南自古以来就有气候炎热、多雨多湿等特点，易生瘴毒时疫、风湿挛痹等病；且广西多山多石，竹林茂密，动植物种类多，故许多疾病的成因及治疗都受到当地气候及环境的影响。世居广西的壮族人民善用石器、骨针、草药等来治病，由此形成了以"外治"为主、偏重解毒、简便快捷的壮医诊疗方法，如壮医针刺疗法、壮医药线点灸疗法、壮医莲花针拔罐逐瘀疗法等。壮医学发展至今，壮医外治技术已成为壮医学在临床上极具特色、应用广泛、疗效可靠的医疗方法，注重外治也是壮医学学术体系中极为鲜明的特点之一。近年来，在广西政府的大力推动下，众多学者逐渐开始对壮医外治技术进行深入挖掘与整理。

受岭南气候和环境的影响，壮医通过长期的生产生活和医疗实践，逐步形成了自己独特的医学理论体系，包括阴阳为本，"三气"同步——壮医的天人自然观；脏腑气血骨肉、谷道水道气道、龙路火路——壮医的生理病理观；毒虚致百病——壮医的病因病机论；调气解毒补虚——壮医的治疗原则。这些壮医理论也成为壮医外治技术的临床指导思想。

壮医学者认为，壮医外治技术主要是在壮医理论下通过使用外部刺激（药物刺激或非药物刺激），直接作用于人体龙路火路在体表中的网结，达到疏通"两路"的作用，使体内的"毒"排出，并调整脏腑功能，进而使"三气"同步，机体功能得以恢复。目前临床使用较广泛且为大家认可的壮医外治技术主要有壮医手法、药物外治法、壮医针法、壮医灸法、壮医物理疗法等。

在壮医手法方面，传统的壮医驳骨手法主要用于治疗骨折、骨关节脱位等。壮医经筋手法是壮医手法中另一种特色外治技法，主要是在十二经筋理论指导下，结合壮族民间理筋术总结出来的一种以"经筋摸结"诊病、以"松筋解结"治病的手法。该手法提出"筋结致痛"的致病机理，贯彻"以结为腧"的取穴原则，运用"松筋解结、结解则松、筋松则顺、筋顺则动、筋动则通"的治疗原理，结合壮族民间捏筋、拍筋、拨筋、绞筋、拉筋等手法，独创壮医经筋推拿手法和壮医拉筋松解手法。壮医经筋推拿手法与传统中医推拿手法一样，可以达到活血化瘀、舒筋活络、理顺筋脉、疏通气血、祛风散寒的目的。

在药物外治法方面，熏、洗、熨、敷、佩戴、药罐、埋线等方法相济为用。加上诸多奇特的壮医技法，使壮医外治在临床上应用广泛、安全便捷、疗效确切。药物的大量外用也是壮医极具特色的用药方法之一。壮医学认为，外用药可补内服药的不足，内外合用，功效更好。而且对于体虚者，外用药可减少药物的毒副作用。常用药物外治法有敷贴疗法、药浴疗法、药熨疗法、熏蒸疗法、泡浴疗法、药物外渍法、药物吸入疗法、药物佩戴疗法、药枕疗法等。药物外用可直达病所，见效快，临床上对内科、外科、妇科、儿科及五官科的多种疾患效果显著。如单纯使用药物，多取川乌、草乌、南星、附子之类，采用外敷、外洗、垫睡等方法可治疗风湿关节痛；胡荽捣烂外擦可治小儿麻疹不透；醋调吴茱萸粉末敷涌泉穴可治高血压；大蒜捣成泥敷涌泉穴可治鼻出血或咯血不止；黄檗粉末调成糊敷乳头可治小儿盗汗；马钱子切片外用可治面神经麻痹；芒硝敷洗可治疗阳强不倒；田螺与食盐合捣敷脐可治小便不通及水肿泛滥……此外，外用药物与其他技法合用也是壮医外治技术的一大特色。在各种外治技法中加入一些药物，可增强原技法或器械的治疗效果，显示出浓郁的民族特色，如隔药灸法、麝香针法、药捶疗法、硫黄灸法、药物拔罐疗法、药物点穴法、鲜花叶透穴疗法、油针疗法、麻黄花穗灸法、药物刮痧法等。

壮医针灸历史悠久，但由于壮族以前未形成规范通行的文字，壮医针灸技艺主要靠民间口传心授的方式传承，不少实用针灸技法在朝代更迭中遗失。近几十年来，国医大师黄瑾明教授带领壮医科研团队致力研究壮医针灸疗法，对其进行系统挖掘整理和全面总结，取众家之所长，融会贯通，逐渐形成壮医针灸体系，开创黄氏壮医针灸流派。以黄氏壮医针灸流派为代表的壮医针灸外治体系，主张壮医道路为针灸传导系统，推崇针灸"三剑客"——壮医药线点灸疗法、壮医针刺疗法、壮医莲花针拔罐逐瘀疗法，强调毒虚二因，重视调气通路，善用特定穴位，提倡针灸并用，推崇无痛针灸、针灸罐法联用等学术特色，临床疗效显著。

综上所述，目前壮医外治技术的临床应用和发展推广均取得了一定的成果，但系统性研究起步较晚。在众多壮医外治技术的临床研究中，缺乏大样本的循证医学研究，部分文献中的临床研究设计不够合理；部分药物缺少药理实验的支持，不少药物外治法的药用机制尚未阐明；在临床实践中过度依赖医者的经验积累，同质化和标准化无法得到保障，使得不同医者对不同患者的临床疗效差别较大。所幸现阶段正处于国家大力发展民族医药的时期，相信广大民族医药工作者经过艰苦卓绝的不懈努力，必能进一步汲取壮医药传统特色诊疗方法的精华，并依托现代科学技术的系统研究，实现壮医学的现代化发展，使壮医外治技术成为祖国医学宝库中的一朵瑰丽奇葩。

参考文献

［1］陈小刚，韦坚．韦氏脊柱整治手法精粹（汉英对照）［M］．北京：人民卫生出版社，2020．

［2］关丹荧子，杨晓媛，沈丛贞，等．壮医特色疗法研究进展［J］．中国民族民间医药，2018，27（9）：35-37．

［3］梁子茂，刘柏杉，李建颖，等．壮医经筋手法配合火针治疗腰椎间盘突出症临床观察［J］．上海针灸杂志，2014，33（10）：926-928．

［4］林辰．论壮医的诊治用药特色［J］．中国民族医药杂志，2006，12（6）：1-3．

［5］刘儒鹏，王鸿红，宋宁，等．广西黄氏壮医针灸流派天阴阳针法概述［J］．中国针灸，2020，40（9）：991-995．

［6］马丽，戴铭．浅析壮医药学派的学术特色［J］．中华中医药杂志，2016，（12）：5055-5057．

［7］宁在兰，容小翔．壮医用药特点窥探［J］．新疆中医药，1994，（4）：39-43．

［8］宋宁，李浪辉，黄贵华，等．广西黄氏壮医针灸学流派学术特色和传承感悟［J］．世界中西医结合杂志，2015，10（7）：910-913．

第二章 壮医外治学发展简史

第一节 壮医外治学的起源及萌芽

洪荒时代，壮族先民穴居野处，环境险恶，生活艰苦，卫生条件极差；人兽之间发生碰撞搏斗在所难免，人类部落间的械斗也经常发生，再加上生产工具原始，劳动中亦容易发生意外伤害，因此，外伤成为当时人类常见的致死原因之一。原始人对外伤如何处理，现已难查证。但在现代，个别交通极其闭塞、经济文化落后的地区的人们会使用泥土、香灰、草木灰、树叶、苔藓、树皮、草茎甚至唾液等敷裹创口。依据以上医疗行为可以做出一些推断，原始人在用泥土、野草、树叶等敷裹伤口时逐渐发现适用于治疗外伤的草药，并总结出一些减轻剧烈疼痛和止血的方法，这便是壮族先民使用外治疗法的直接起源。

石器时代，壮医外治疗法开始在生活实践中萌芽，不少古籍如《左传》《山海经》《史记》《汉书》《淮南子》《帝王世纪》及马王堆汉墓出土的《脉法》《五十二病方》等书中，都有关于古代人类运用石器治病的记载。壮族地区虽没有本民族规范通用的文字，也没有关于砭石、镵石、针具等的相关文字记载，但在已经出土的考古实物中发现的许多石器，如广西百色盆地出土的距今70万～80万年的旧石器时代的加工精湛的手斧、广西隆安县大龙潭遗址出土的新石器时代的双肩石铲，以及广西南宁市豹子头贝丘遗址出土的新石器时代的穿孔刀具，都说明壮族先民完全有能力制作适用于外治皮肤痈疡的工具。在桂林甑皮岩遗址、南宁豹子头贝丘遗址、柳州白莲洞遗址、宁明花山和珠山附近的岩洞里，也发现了大量尖利的石器和石片，甚至还发现了骨针。这些尖利的石器、石片、骨针等，不仅是壮族先民的生产工具，从一器多用的角度看，它们也完全可以作为早期外治疾病的用具，用于进行诸如砭石刮痧、刺血排脓等医疗活动。另外，《素问·至真要大论》一篇中也有"摩之浴之"的论述，说明当时各族人民均已在使用按摩手法和洗浴疗法治疗疾病。

青铜器时代，开始出现金属制针具。而在石器时代与青铜器时代之间，灿烂的陶器文化时代亦不能被忽视。后世发现壮族先民在石器时代及青铜器时代都有制作针具的痕迹，在陶器文化时代也能够利用陶制针治疗疾病。壮族先民的陶针疗法一直流传至今，且壮族民间医疗一向强调以"陶针"为主体。在中医"九针"形成之前，由于壮族地区的地理环境，当地人民的体质特点，地方病、多发病防治等的需要，以及南方未普遍用铁的情况，壮族先民已经学会敲击打磨陶片，使之比砭石更为锋利，用以进行针刺、割治等治疗。1985年10月，考古工作者在广西武鸣马头先秦墓中，出土了2枚青铜浅刺针，针锋尖锐，呈圆锥状，经考证认为是2枚浅刺用的医疗用针，其针锋细微，与古人对"微针"的描述是一致的。1976年7月，考古工作者在广西贵县（现贵港市）罗泊湾一号汉墓的随葬品中发现了3枚银针，其外部造型相似，针柄均为绞索状，针身为圆锥状，针锋锐利，3枚银针的针柄顶端均有1个圆形小孔。从外形观察，3枚银针的造型与现代针灸用针极相似，现已被确认为医疗用针。

由于在壮族地区先后发现了年代最早的青铜针及银针，且它们与《黄帝内经》中提及的"九针"并不完全相同，而在我国其他地区尚未发现相同或相似的针具，可以推测该类针具很可能仅在壮族地区流传使用，可见壮族先民很早就积累了独特的针刺治疗经验。《素问·异法方宜论》一篇中有载："南方者，天地所长养，阳之所盛处也。其地下，水土弱，雾露之所聚也。其民嗜酸而食胕，故其民皆致理而赤色，其病挛痹，其治宜微针。故九针者，亦从南方来。"虽然书中的南方并非特指壮族地区，但从地理位置及历史文献所指包括广西在内的我国南方地域看来，壮族地区很可能是"九针"的发源地之一。

第二节　壮医外治学的形成与发展

在中国的封建社会时期，壮族人民聚居地相对比较集中，且很少发生大规模的人口迁徙，历朝历代都生活繁衍在史料所记载的西瓯古国和骆越古国，即我国岭南偏西的山区丘陵地带。在相当长的一段时间内，壮族地区生产力相对落后，而且部落与部落之间相对独立的生存模式使得本民族没有一个统一的文化体系，以致壮族一直没有本民族统一规范的文字流传于世，壮医药也因此在相当长的一

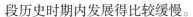

段历史时期内发展得比较缓慢。

从秦汉时期一直到民国时期，壮族的外治疗法随着社会的发展而逐渐有所发展，查阅现存的广西地方志或汉字文献等资料可知，民国时期之前在壮族地区使用的壮医治疗方法大多为外治疗法。《旧唐书》说："乌浒之俗……相习以鼻饮。"《岭表纪蛮·杂述》记载："予尝见一患痛者，延僮（壮）老治疾，其人至，病家以雄鸡、毫银、水、米、诸事陈于堂。术者先取银纳袋中，脱草履于地，取水念咒，喷患处，操刀割之，脓血迸流，而病者毫无痛苦。脓尽，敷以药即愈。"《岭外代答》记载了一位"南人热瘴，挑草子而愈者"："南人热瘴发一二日，以针刺其上下唇。其法：卷唇之里，刺其正中，以手捻去唇血，又以楮叶擦舌，又令病人并足而立，刺两足后腕横缝中青脉，血出如注，乃以青蒿和水服之，应手而愈。"《桂海虞衡志》记载了"挑草子"疗法的详细情况："草子，即寒热时疫。南中吏卒小民不问病源，但头痛体不佳便谓之草子。不服药，使人以小锥刺唇及舌尖，出血，谓之挑草子。"《武鸣县志》记载："周景媛，乐昌桥甘村人，精通针术。赴省乡试，有一妇人，产难已殁，用银针刺腹中，母复生，子亦保存。凡起死回生者不少，当时有活菩萨之誉，流传至今，是亦物望所归者。"《宁明州志》记载："五六七月盛暑伏阴在内，乡村人又喜食冷粥。故肩挑劳苦之人，多于中途中喝而毙，俗谓之斑麻，又谓之发痧，以手擦病者自（白）臑及臂，使其毒血下注，旋以绳缚定。刺其十指出紫血，甚则刺胸刺腮刺舌，多有愈者。"此即壮医缚扎刺血法。《恭城县志》记载："行役劳苦之人，一或不慎，辄生外感，轻则身骨疼痛，用刮摩之法，重则昏迷不知，非用瓷瓦针将十指刺出紫血，则命在旦夕。"《岭南卫生方》记载："南方挑草子之法不可废也……士大夫不幸而染热瘴，亦只得求南人之针法以刺之。"以上文献皆对壮医的针刺疗法给予充分的肯定。壮医的外治疗法除有鼻饮疗法、针刺放血疗法、陶针刺血疗法及刮痧疗法等散见于汉字文献记载外，还有一些在壮族民间流传应用的疗法，如草药熏洗疗法、戴药佩药疗法、槌药敷贴疗法、角吸疗法、刮法及灸法等。南宋时期，中医书籍分类中专门列有"岭南方"一类，乃南方少数民族综合性医书及方书，共5部9卷，其中《岭南卫生方》一书中就记载有不少壮族验方。明代李时珍所撰的《本草纲目》收录了广西壮族地区出产和使用的药物近300种，同时记载了许多医家对岭南地区壮族医药知识的论述。

由此可见，壮医外治疗法中的壮药外敷、外洗、陶针、角吸、骨刮、针术、灸法等,于先秦时期已开始运用,经汉晋六朝发展成熟,根据医疗实践的总结,逐渐形成医学理论。在唐宋时期,壮医已掌握数百种药物,制备各种医具,运用十多种外治技术,形成了独特的壮族医药学术体系。

第三节 壮医外治学的兴盛与新机遇

中华人民共和国成立后,党和政府对民族医药工作的重视程度不断提高,1986年下半年,根据国家民族事务委员会关于整理少数民族古籍的指示精神,在覃应机、甘苦、张声震、覃波、余达佳、王鉴钧、班秀文等老一辈壮族领导干部和医学专家的倡议下,广西壮族自治区卫生厅成立了少数民族医药古籍普查整理领导小组,由时任厅长蓝芳馨同志兼任组长。各有关地市县卫生局也成立了相应的领导小组和办公室。从同年年底开始,广西共抽调200多人组成专业调查队伍,分3批,历时6年,对全区少数民族人口在10000人以上的70多个县市开展民族医药普查工作。这是广西在1949年以后组织的规模最大的一次民族医药调查活动。经过艰苦细致的文献搜集和广泛深入的实地调查考察,科研人员收集到《痧症针方图解》《童人仔灸疗图》等壮医外治学专著,发掘整理了多种独特、疗效确切的壮医外治疗法,如壮医针刺疗法、壮医经筋疗法、壮医佩药疗法、壮医药线点灸疗法等。随后,广西中医药大学、广西民族医药研究所和广西国际壮医医院的科研人员,将传统和现代的方法手段相结合,对壮医药线点灸疗法、壮医针挑疗法、壮医药罐疗法、壮医经筋疗法及壮医刺血疗法等进行深入发掘、整理和研究,取得了丰硕的成果。目前出版的壮医外治学的相关专著有《壮医药线点灸疗法》《壮医针挑疗法》《民族民间医疗技法》《壮医药线点灸疗法技术操作规范与应用研究》《壮医竹筒拔罐疗法技术操作规范与应用研究》《壮医针挑疗法技术操作规范与应用研究》《中国壮医针刺学》《中国壮医经筋学》《壮医外治学》《壮医优势病种诊疗、护理及技术规范》《壮医护理技术操作规程》等。以上专著的出版使壮医外治学的发展达到了前所未有的兴盛。

进入21世纪,党和政府对民族医药的支持力度进一步加大,少数民族医药事业发展迎来新的历史机遇。2007年12月,国家十一部委联合印发《关于切实加强民族医药事业发展的指导意见》;2009年5月,国务院颁发《国务院关于扶持和促进中医药事业发展的若干意见》;2016年2月,国务院印发《中医药发展战略规划纲要（2016—2030 年）》；2018 年 7 月，国家十二部委联合印发《关于加强新时代少数民族医药工作的若干意见》；2019 年 10 月，国家中医药管理局印发《中共中央国务院关于促进中医药传承创新发展的意见》；2021 年 1 月，国务院办公厅印发《关于加快中医药特色发展的若干政策措施》。尤其是近几年，广西壮族自治区人民政府对壮医药发展的投入和支持达到空前规模，以广西国际壮医医院为代表，广西各地陆续建成规模不等的壮医医院，壮医药迎来了学术发展的春天。

参考文献

［1］陈攀，林辰.壮医外治法源流概述［J］.中国民族医药杂志,2015,21（12）：
　　38−39.

［2］戴铭.壮族医学史［M］.南宁：广西民族出版社,2006.

［3］何子强，黄汉儒，刘智生，等.壮医的历史沿革、现状与发展对策［J］.
　　中国民族民间医药杂志，1994，（1）：7−10，45.

第三章　壮医外治学的概念

第一节　壮医外治学的定义

目前对于壮医外治学的一般定义认为，外治是相对内治而言的治疗方法，壮医外治学是指在壮医学基本理论的指导下，用药物、手法或器械施于体表或从体外进行临床治疗的方法。壮医认为，外治疗法的治疗作用可以归纳为两点，一是调气，二是祛毒。壮医外治疗法的作用机理主要是通过使用外界刺激（药物刺激或非药物刺激），直接作用于人体龙路火路在体表的网结，达到疏通"两路"、补益气血、排毒补虚的作用，并平衡脏腑功能，进而使三气同步，机体功能得以恢复。此外，壮医外治学的定义中还包含以下4个要点。

第一，壮医外治学中的"外"是一个相对概念，而不是绝对概念。广义的壮医外治疗法的概念是十分宽泛的，囊括了除口服、单纯注射给药外的所有治疗方法。

第二，壮医外治疗法的前提是遵循壮医学基本理论，或者可为遵循壮医学基本理论的科研或医疗活动所用。比如声、光、热、电、磁等新材料或新技术、新方法被引入壮医外治领域，则这些内容也属于壮医外治学的范围。

第三，脏腑气血骨肉及"三道两路"学说是壮医外治学的病理生理基础，离开脏腑气血骨肉及"三道两路"学说谈壮医外治学，无异于沙上建塔，难以支撑。

第四，壮医外治学的概念不是固定不变的，而是开放的、包容的、与时俱进的，可以随着科技进步和时代发展不断进行补充和修正，从而保持其生命力。

第二节　壮医外治学的基本内容

壮医外治学的内涵非常丰富，有相关文献记载的壮医外治技术就有100多种，按治疗方法主要分为壮医手法（壮医驳骨手法、壮医经筋手法、壮医点穴手法)、药物外治法(壮医敷贴疗法、壮医药浴疗法、壮医药熨疗法、壮医熏蒸疗法、壮医泡浴疗法)、壮医针法(针刺、脐环针、莲花针、针挑、针刀、刺血、火针)、壮医灸法(艾灸、灯心草灸、药线点灸、四方木灸、竹筒灸等)、壮医物理疗法(壮医刮痧、火攻、药物竹罐、火罐、埋线、佩药、药垫、药枕、滚蛋)及其他方法等六大类。按治疗范围一般分为内病外治、外病外治两大类,如疮痈疔毒、水火烫伤用壮药外敷,属外病外治;痫呕肚痛、遗尿泄泻用药线点灸,属内病外治。随着时代的发展,壮医外治学又持续不断地有新的内容加入,根据不同的分类途径,壮医外治技术或将有其他不同的分类方法。进行壮医外治技术的分类,有助于明确壮医外治学研究的对象和目标。

参考文献

[1] 陈攀,林辰.壮医外治法源流概述[J].中国民族医药杂志,2015,21(12):38-39.

[2] 林辰,黄汉儒,薛丽飞.论壮医学的基本特点及核心理论[J].中国中医基础医学杂志,2012,18(11):1205-1206.

[3] 唐汉庆,黄岑汉,赵玉峰,等.壮医"三道两路"理论的辨析及应用[J].中华中医药杂志,2015,30(12):4236-4239.

第四章 壮医外治技术的基础理论

第一节 壮医学的天人自然观

一、阴阳为本

壮医理论认为，万物皆可分阴阳，万变皆由阴阳起。壮族先民分布和聚居地多处于亚热带地区，四季较分明，昼夜更替，寒暑消长，再加上与中原汉文化的交流融合，使壮族先民逐渐产生阴阳的概念并发展出阴阳为本的壮医理论。壮族先民在治病过程中认识到阴阳真假病证的概念及病机，显示出壮医阴阳为本理论的端倪。阴阳为本理论运用于医学上，主要作为解释人与自然之间、人体生理和病理之间种种复杂关系的工具。在阴与阳的关系中，壮医特别强调阳气的主导作用，认为人之所以具有生命的特征，是阳气的存在及其作用的体现，人体阳气经常被耗散，临床上阳虚的征象比较常见，故而重阳、调阳、壮阳成为壮医防治疾病的重要理念。从朴素的唯物主义角度理解，壮医的阴阳为本理论与中医对"阴阳"的认识如在阴阳交感、对立制约、互根互用、消长平衡及相互转化等理论方面趋于一致，两者均将"阴阳"学说作为认识和诊疗疾病的理论基础。但壮医学又有其独特之处，壮医学阐述人体病理变化时，除有"阴盛阳衰、阳盛阴衰"等说法外，还有"阴盛阳盛"的新概念，其形成可能与壮族地区常年气温偏高又雨量丰沛有关。例如壮医学家罗家安先生曾将"阴盛阳盛"的概念引入痧症辨证治疗，认为凡发冷发热、汗出口渴、头不痛者即为阴盛阳盛。

按照朴素的唯物主义理论来理解壮医的阴阳，不难发现，其也是对自然界相互关联的某些事物或现象中对立双方存在与运动规律的概括。凡温热的、上升的、明亮的、兴奋的、轻浮的、活动的、功能的、机能亢进的事物或现象，统属于阳。凡寒冷的、下降的、晦暗的、抑制的、沉重的、相对静止的、物质的、机能衰退的事物或现象，统属于阴。阴阳具有相关性、对立性、方向性、相对性。相关性指阴阳所代表的性质的值可以用某种一维坐标来度量；对立性指阴阳所代表的性质的值处于一维坐标的两个极端；方向性指阴阳所代表的性质的值具有方向的规定性，阴为负，阳为正；相对性指同一事物与现象在不同关联上有不同的性质。阴阳运动变化的规律有阴阳对立、阴阳互根、阴阳消长、阴阳互变。人体健康是阴阳平衡的结果。壮医有阴证与阳证之辨，指的是疾病过程中阴盛阳衰和阳盛阴衰两种情况。证是患者在患病过程中全身状态相对于和谐健康状态的偏离方向。每一种疾病，在不同时期、不同患者身上，可以表现为阴证或阳证，经治疗后或由阴证转为阳证，或由阳证转为阴证。正虚毒轻者或疾病后期多表现为阴证，而正盛毒重者或疾病初期多表现为阳证。从证的变化可以预测疾病的转归，由阴转阳，表示疾病向好的方面转化；由阳转阴，表示疾病趋重或恶化，其预后不良。阳亢阴虚与阴亢阳虚都属偏离平衡，会导致疾病。阴阳两虚则会使人体生命力下降，更不利于健康。与中医不同，壮医认为阴阳两亢是存在的，如热为能量，属气，属阳，湿为水量，属阴，而岭南地区既高热又潮湿，阴阳两亢，人体在此环境中易生痧病。壮医因病开方，病求专方，而证只作为辅助参考。壮医所指的气血，类似中医学里的气血概念。气无形有质，具有推动、温煦等作用，属阳。血为液态物质，具有濡养、滋润的作用，属阴。气有元气、宗气、营气、卫气之分，元气为先天之气，指人体基因及其功能，来源于父母遗传与后天强固，属阳。宗气为生命的能量，由肺吸入的氧气与脾胃吸入的水谷之气合成，其存在形式有光子态能量与化学能，前者积于气海，后者存于血液，通过心肺流布全身，属阴。营气为通过食物获得的小分子营养物质，通过血液输布全身，属阴。卫气具有保障功能，如人体的免疫、保温、防卫屏障功能，属阳。血是在脉管中运行的红色物质，它携带营养物质布达人体各部，将代谢废物排出体外，是构成人体和维持人体生命活动的基本物质，属阴。所谓正气，既指人体各器官的正常功能，也指人体免疫系统功能如卫气，还指贮存可以调用的营养物质与生物能量即营气，功能属阳，物质与能量属阴。

二、三气同步

壮医认为，人与自然相通，人体可分为三部：巧*（头）在上为天部；胴（双下

---

* 壮语，括号内为其汉语释义，全书同。

肢）为地部；廓（胸腹）居中为人部。就人与天地的关系而言，人不得逆悖天地，需与天地同步运行；就人体内部而言，天地人三部需保持协调平衡，人体才能健康无病，此即三气同步理论。三气同步理论源于壮医对天地的认识，与远古壮族先民对天地起源的看法及当时朴素的宇宙观有关。在对三气同步理论源流的探索中，壮医学认为"物我合一"的自然观是其理论体系的基础，在"物我合一"自然观的指导下，突出天人相应的整体性及人的生命活动与大自然的和谐性。

此外，还有学者认为三气同步的理论源流与龙母文化及大明山祭祀活动有关。三气同步强调人与自然之间以及人体各部位之间的协调平衡，临床治疗时强调三气的"通""动""衡"，三气同步及天人自然观对临床诊疗有着重要的指导意义。

第二节　壮医学的生理病理观

壮医学的生理病理观主要包括壮医对人体脏腑气血骨肉、谷道水道气道、龙路火路等系统的基本认识和理解。壮医三气同步理论也是通过人体的"三道两路"及其相关枢纽脏腑的制化协调作用来实现的。"三道"即谷道（食物消化吸收的通道）、水道（人体水液代谢的通道）、气道（人体与大自然之气交换的通道）；"两路"即龙路（运行血液的场所及束缚血液运行的通道）、火路（人体传感信息的通道）。"三道两路"是气血化生和运行的通路，也是人体和外部联系的通路。它们各司其职，使气血化生有源、运行有度，人体内外沟通有序，维持天地人三气同步的健康状态。

"三道两路"学说是壮医基础理论的核心内容，而火路则是"三道两路"的核心，其化生和调节的枢纽是巧坞（大脑）。有学者尝试从现代医学角度对"三道两路"进行理解，对壮医火路与现代医学中的神经—内分泌—免疫网络系统的相关性进行探讨，发现两者在形态结构、生理功能、病理变化及临床表现方面具有高度的一致性；也有学者从网络分布规律、生理功能、病理变化、疾病诊断、治疗原则及用药方面的异同对壮医"两路"学说与中医络脉理论进行比较分析，也发现了两者的相通之处。这些研究结论丰富了壮医"三道两路"学说的理论，为壮医临床诊疗找到一些新方法，也进一步充实了壮医生理病理观的内容，为更深层次地研究壮医理论提供了新思路。"三道两路"学说除应用于解释人体生理病理外，对临床通路病的治疗和通路药的应用也有普遍的指导意义。在此基础上，临床还进一步扩大了应用范围，如将其用于疾病的预防、诊断与治疗，用于判断疾病的严重程度等。总而言之，壮医学理论吸收了中医学的部分理论成果，但又具有一定的独特性，只有进一步加深对两者的理论认识，才能融会贯通，在临床工作中提高思维能力，并灵活运用"三道两路"学说提高诊疗水平。

第三节　壮医学的病因病机论

壮医论病，首重寻因。"百因毒为首""百病虚为根""毒虚致百病，除毒一身轻"。毒虚致病论归属于壮医独具特色的病因病机学说，也是壮医病因病机学说的核心内容。壮医学认为，毒之所以致病，一是因为邪毒损伤正气；二是因为某些邪毒阻滞"三道两路"，使天地人三气不能同步。虚即正气虚、气血虚或血脉空虚，虚既是致病的原因，也是病理结果及病态表现。长期以来，毒病、虚病一直都是壮族地区的重要疾病种类，不同的毒病、虚病有着不同的病因、病理及临床症状，也均有与之对应的防治方法及常用药物。

一、毒病

对于毒病，壮医具有较完善的理论体系及丰富的诊治经验。从病因来说，机体受到痧、瘴、蛊、毒、风、湿等有形或无形之毒的侵犯，致使天地人三气的同步失调，或人体"三道两路"运行不畅、功能失调而致病。壮医认为，毒是导致人体疾病发生的重要因素之一。毒邪侵入人体，是否致病取决于两个方面，一是毒邪力的大小，二是人体正气的强弱。毒邪致病主要是毒力太强或正气太弱，正邪相争正不敌邪，使毒邪滞留于人体"三道两路"而致病。岭南地区无数中毒致病甚至致死的实例和教训，使壮族先民对毒有着特别的感受，并由此总结和积累了丰富独特的壮医解毒方法。晋代葛洪《肘后备急方》记载了岭南俚人（对岭南一带族群的一种称谓）防治沙虱毒、瘴箭毒、蛇毒的经验。隋代巢元方《诸病源候论》收录了岭南使用的 5 种毒药：不强药、蓝药、焦铜药、金药、菌药。唐代《新修本草》记载了壮族地区 2 种著名的解毒药——陈家白药和甘家白药。据文献记载和实地调查资料，壮族民间使用的毒药和解毒药在百种以上。

壮医学家黄汉儒教授指出，所谓毒，是以对人体产生伤害而致病为依据和标志的。毒邪并非人体素有的，皆由自然界气候、环境异常所生成，或毒物、毒药、饮食损伤所致；或自外而入，或由内而生，可分为无形之外毒、有形之外毒、无形之内毒、有形之内毒四大类。无形之外毒，如痧毒、风毒、湿毒、热毒、寒毒等，多由自然界所化。《廉州府志》记述："大抵岭南春夏多南风，秋冬多北，反是则雨，故凡疾病多起于风。"《广西通志》记载："……春夏雨淫，一岁之间，蒸湿恒多，衣服皆生白醭，人多中湿，肢体重倦，成脚气等疾。"《上思州志》载："界极边之区，山荒土薄，一岁之间暑热过半，五六七月岚瘴更盛，热病甚多。"由此可见，风毒、湿毒、热毒均为岭南地区常见的毒邪。痧毒则是一种暑湿、痧雾、秽浊之气夹杂而生的毒邪。岭南地区气候炎热，寒毒本不多见，但随着社会经济的发展，人民生活水平不断提高，制冷设备普遍进入寻常百姓家，改变了人们的饮食、生活习惯。不少人嗜食冷饮、久处空调房内，寒毒也因此成为壮族地区常见的致病因素之一。有形之外毒，如蛇毒、虫毒、食毒、药毒、矿毒、水毒等，均来自自然界。壮族地区气候温暖，雨水丰沛，自然资源十分丰富，其中就包含了多种多样的有毒动物、有毒植物和有毒矿物等。无形之内毒，如情志毒等多由情志不畅所化。情志不畅，则易出现天气不降、地气不升、人气失和，从而导致人体三气运行失调，产生疾病。有形之内毒，如痰毒、瘀毒、浊毒等，多由外邪入侵、脏腑内伤或跌打损伤所产生，亦为病理产物之一。

"有形之毒易伤'三道'，无形之毒常阻'两路'。"壮医毒论病机说认为"三道"即谷道、气道和水道，是人体开放的三条通道，外与自然界相通，内与脏腑相连。有形之毒侵袭人体，多由"三道"而入，如误食毒药、有毒食物、有毒液体等，毒邪由谷道而入，可出现腹痛、腹泻、呕吐等谷道疾病的症状；痰浊之毒阻于气道，易伤肺脏，出现咳嗽、咳痰、气喘等气道疾病的症状；内生浊毒流注水道，易犯肾脏、膀胱，可出现尿浊、尿血、尿痛、阴部瘙痒等水道疾病的症状。"两路"即龙路火路，是人体相对封闭的两条通路，有干线，有网络，遍布全身，内连脏腑，外达体表，既是人体嘘（气）、勒（血）运行的通道，也是毒邪进出人体的通路。无形之毒侵袭人体，多由"两路"而入，且易瘀阻于"两路"，如风毒、湿毒、热毒袭人，多从人体体表的龙路火路网络而入，邪滞"两路"，则皮肤可出现丘疹、水疱、感觉异常等龙路火路疾病症状；人体情志不畅，"嘘""勒"运行失调，瘀阻于龙路火路，易引起天气不降、地气不升或人气不和，从而导致三气不能同步，可出现情绪低落、多疑、反应迟钝、注意力不集中、记忆力下降等龙路火路疾病症状。

毒邪为病，病情复杂多变，但总不离一个"毒"字。毒邪既是致病原因又是发病机要，因此，临床上治疗毒病，重点着眼于解毒，采用相应的内服、外治手段，遵循内治解毒去其病因、外治解毒引毒外出的"内去外引"治疗原则，便能毒解病愈。毒邪袭人，或伤"三道"，或滞"两路"，致使三气运行失调，脏腑功能受损。毒因不同，所致毒病亦不同，针对毒病之"因"，内服壮药汤剂消除其病因，则毒病的发病机制自然就被阻断。如湿毒病患者，感受湿毒后头身困重、倦怠乏力，可通过内服方药，祛除湿毒之邪，使毒去病愈。人体龙路火路遍布全身，内连脏腑，外达体表，既是"嘘""勒"和精、津等营养物质输布滋养脏腑骨肉的通道，又是毒邪进出人体的通道。因此，通过药物刺激或非药物刺激的外治方法，直接作用于龙路火路在体表的网结，疏通龙路火路，给毒邪以出路，可以直接引毒外出，同时又能调整"嘘""勒"和脏腑功能，恢复天地人三气同步运行，从而达到治病目的。

壮医将毒病分为4种：药物中毒、食物中毒、酒毒、瘴毒。治疗方法分为药物解毒和非药物解毒2种。常用解毒药有动物血、白米醋、芭蕉汁、土银花叶、七叶一枝花、六角莲、了哥王、蛇舌草、半枝莲等。外治法以壮医放血排毒疗法最具特色。壮医认为通过五腧穴放血排毒，可激活五脏六腑的代谢功能，增强人体内排毒系统功效，体现壮医鼓舞正气、调气排毒的自然排毒观念，对由毒引起的各种疾病及亚健康均有特效。基于该理念的各种排毒外治法是壮医的特色与优势之一。

二、虚病

虚病多指正气虚弱。壮医认为，人体健康与否取决于正邪斗争的结果，毒邪进攻人体，正气奋起抵抗，正胜则健，邪胜则病。而当正气虚弱时，人体的整体或部分功能受限，虚者不足以抵抗外毒，则正气虚弱也会致病。壮医所指的虚包含4个方面，即器官功能受损、免疫功能虚弱、营养不良和体能衰弱。器官与免疫功能的健康源于各器官与整体的阴阳平衡，阳虚乃功能衰弱，容易致病，阴虚乃物质能量匮乏，同样致病，阴阳两虚更易致病。营养物质靠血液传输，能量由气承载，虽有血虚与气虚之别，实为物质或能量不足。壮医认为，人体正气有实有虚，实者有利于抵抗外毒，虚者不足以抵抗外毒，有时还导致外毒入侵。由此可见，正气是一种内在的功能、物质与能量，而正气虚弱是主要的致病因素。因此壮医寻病因，外部毒为首，内部虚为根。在正气中，功能为阳，物质与能量为阴；在物质与能量中，能量为阳，物质为阴；能量多藏于气，物质多载于血。故壮医论虚，常分为阴虚、阳虚、气虚、血虚、阴阳两虚、气血两虚6种。壮医补虚，归结为两"动"，一为运动，二为动物。首重运动锻炼，次重食补，最后用药。药食同补，且食补善用动物食材，也是壮医特色治疗方法之一。

参考文献

［1］洪宗国，邓小莲．壮医毒病论［J］.中南民族大学学报（自然科学版），2012，31（3）：38-42.

［2］洪宗国.邓小莲.壮医虚病论［J］.中南民族大学学报（自然科学版），2013，32（1）：36-38，46.

［3］黄汉儒，黄瑾明.老壮医罗家安传略［J］.广西中医药，1987，10（6）：18-19.

［4］黄汉儒，容小翔.重"三道两路"理论的壮医药［J］.中国中医药报，2015（12）：4.

［5］蒋筱，邓远美，罗淑娟，等.壮医学"三气同步"理论探源［J］.时珍国医国药，2010，21（6）：1488.

［6］蒋祖玲，庞宇舟.论壮医火路与神经-内分泌-免疫网络系统的相关性［J］.亚太传统医药，2014，10（2）：9-10.

［7］蓝毓营.试论阴阳在壮医与中医理论及应用中的异同［J］.时珍国医国药，2010，21（2）：462-463.

［8］蓝毓营.壮医毒虚致病学说初探［J］.中华中医药杂志，2010，25（12）：2146-2148.

［9］庞宇舟.壮医药学概论［M］.南宁：广西民族出版社，2006：45-46.

［10］覃骊兰.壮医毒虚致病因素及临床应用研究［J］.中国民族民间医药，2011，20（14）：9，18.

［11］宋宁.壮医道路理论初探［J］.中国中医基础医学杂志，2011，17（5）：

490-492.

［12］宋宁.壮医"三气同步"自然观的内涵及其应用［J］.中医杂志，2013，
54（14）：1183-1185.

［13］唐汉庆，黄岑汉，赵玉峰，等.壮医"三道两路"理论的辨析及应用
［J］.中华中医药杂志，2015，30（12）：4236-4239.

［14］唐汉庆，李克明，郑建宇，等.壮医学与中医学关于"道路"学术内涵
的比较［J］.医学与哲学，2015，36（15）：88-89，93.

［15］王柏灿.壮医"阴阳为本""三气同步"的理论渊源［J］.中国民族医药
杂志，2004，（4）：42.

［16］褖达科.浅谈壮医"两路"学说与中医络脉理论的异同［J］.广西中医
药，2012，35（3）：46-49.

［17］邹卓成，薛丽飞.壮医"三气同步"理论的源流探讨［J］.中国民族医
药杂志，2015，21（12）：42-43.

［18］唐汉庆，劳传君，黄岑汉，等.壮医学"毒虚致病论"对防治痹症的指
导意义［J］.中国中医基础医学杂志，2016，22（2）：171-173.

第五章 壮医外治原则

第一节 施治原则

壮医三大施治原则：调气、解毒、补虚。在此基础上，壮医开发了外治疗法及内治疗法两大类治疗方法。壮医非常重视应用外治疗法防治疾病，此疗法也是壮医临床运用较为广泛的特色疗法之一。壮医外治疗法种类丰富，如壮医针刺疗法、壮医针挑疗法、壮医药线点灸疗法、壮医药热熨疗法、壮医药物竹罐疗法、壮医滚蛋疗法等，在各科的临床上均运用较多，且得到一致好评，因其独特的疗效和深厚的文化底蕴而得到广大医者的认可和传承。为求在临床上最大限度地发挥及推广壮医特色疗法的作用，需要遵循以下原则。

一、整体原则

壮医药于先秦时期开始草创萌芽，经过汉魏六朝的发展，于唐宋时已大抵形成包含草药内服、外洗、熏蒸、敷贴、佩药、骨刮、角疗、灸法、针挑、金针等十多种疗法的壮医多层次结构，并逐步形成理论雏形。经过长期的临床实践，壮医先贤总结出了壮医的特有理论，认识到壮医针刺、壮医刺血、壮医药物竹罐等外治疗法，主要是通过刺激人体龙路火路的体表网结来调整和畅通人体气血，增强人体抗病能力，加速邪毒化解或排出体外，使三气复归同步，从而达到治疗目的。壮医理论认为，治疗疾病就是恢复天地人三气的同步平衡，这种平衡关系得到恢复，疾病就会向愈，这种平衡不能恢复，疾病就会恶化甚至致人死亡。天地人三气同步理论便是壮医理论的整体原则。著名壮医药线点灸专家龙玉乾指出："疾病并非无中生，乃系气血不均衡。"其认为药线点灸的治疗机理就在于调整、调节、调动人体气血，使之趋于均衡，则疾病自然向愈。

二、辨病施治原则

壮医辨病施治是通过望、闻、按、探、询五诊的特色诊断方法收集临床病情资料，然后对其进行综合分析，判断疾病的病性和病位，并结合主症确定病名，以此为依据制定疾病的治疗原则和治疗方案。在日常临床工作中需遵循壮医诊断的3个基本原则：整体诊察、诸诊参用、辨病求本。在疾病治疗方面，壮医主张辨病与辨证相结合，但以辨病为主。疾病的病因病性是决定疾病治疗原则和治疗方法的主要依据，因此施治前一定要辨清疾病的病因病性。壮医的病因分类主要包括风、湿、痧、瘴、蛊、毒等，运用"三道两路"理论进行辨病时，还应将辨病与辨体质相结合，因人制宜，有利于壮医实现个体化治疗。

三、辨证论治原则

壮医理论体系中有阴阳为本理论，所以辨证主要是辨别阴证和阳证。阴证表现为神疲乏力、倦怠、畏寒肢冷、面色及指甲苍白、脏腑气血骨肉及"三道两路"功能衰退等。阳证表现为面色红、发热、肌肤灼热、烦躁不安、呼吸气粗，甚者神昏谵语、打人骂人、小便黄赤、舌红、目诊见勒答（眼睛）红丝明显、甲诊见甲面红紫或青紫等。阴证和阳证是壮医对疾病证型的概括，主要指疾病发生过程中出现的阴盛阳衰和阳盛阴衰2种情况。每一种疾病在不同的时期及不同的患者身上，可能表现为阴证或阳证，或经治疗后由阴证转为阳证，或由阳证转为阴证，这是人体内的毒邪和正气的斗争状态处在同一疾病的不同阶段或不同病体的差异所致。在临床施治时，强调辨病是决定疾病治疗原则和治疗方法的主要依据，辨证则是治疗的重要参考，因此施治时要遵循辨病为主、辨证为辅的原则。

四、通调"三道两路"原则

壮医学基本理论可以概括为阴阳为本、三气同步、"三道两路"和毒虚致病等。在壮族医学理论体系中，处处体现着阴阳学说的思想，阴阳学说被用以说明人体的组织结构、生理功能及病理变化，并用于指导疾病的诊断和治疗。天地人三气同步是壮族医学理论的另一个特色，壮医学认为，人禀天地之气而生，为万物之灵。人从生长到老死的生命周期，受大地之气的涵养和制约，人气与天地之气息息相通。壮医的生理病理学说包括脏腑、气血、骨肉、"三道两路"等，脏腑

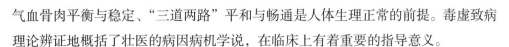

气血骨肉平衡与稳定、"三道两路"平和与畅通是人体生理正常的前提。毒虚致病理论辨证地概括了壮医的病因病机学说，在临床上有着重要的指导意义。

壮医理论认为，天气主降、地气主升、人气主和，三气同步则机体气血运行通畅，龙路火路在体表形成网结，疏通龙路火路，驱毒外出或鼓舞正气，增强脏腑气血骨肉及"三道两路"功能，从而使疾病好转或者痊愈。临床实践中，通过针刺、点灸、拔罐、刮痧、经筋等外治疗法，在人体龙路火路的某些体表气聚部位（穴位）或病灶施以治疗，可调节和通畅人体气血，增强人体抵抗力，加速邪毒化解或排出体外，使气血运行通畅，天地人三气复归同步，从而达到治疗目的。

第二节　适应证及注意事项

一、壮医外治疗法的适应证

壮医外治疗法种类丰富，在内科、外科、妇科、儿科均运用广泛。壮医临床上用于调气的外治疗法有药线点灸疗法、刮痧疗法、针挑疗法、药罐疗法、药棒疗法等；用于解毒的外治疗法则一般是药物、药敷、熏洗、刺血、拔罐等；用于补虚的外治疗法有手法、灸法、针法等。医者在施用壮医外治疗法时需要严格掌握其适应证和禁忌证，根据患者自身情况，选择最为合适的治疗方法，并严格按照操作流程规范操作，否则不仅会影响治疗效果，还可能会造成不良后果。例如，皮肤发脓溃烂者，采用针刺排脓或放血排毒疗法会获得较好的疗效，但如果错误地选择刮痧疗法，不仅不能产生作用，还会加重皮肤的感染、溃烂，给患者带来不良的身心影响。

二、综合疗法的灵活运用

在临床治疗过程中，壮医强调采用多联、综合治疗的方法，根据患者的情况，因人制宜地为患者选择最佳的治疗方法。对于病情较轻者，一般选用一种适宜的外治疗法即可；对于病情较重者，应综合患者实际病情，选择最为合适的两种或两种以上外治疗法，或采用外治联合内治的综合治疗以提高治疗效果。如对于腰肌劳损患者，在使用壮医手法治疗局部病灶缓解症状的同时，可辅以壮医针刺疗法。这种治疗方式不仅体现了局部与整体相结合的治疗原则，也充分表达了壮医治病时既有整体化又配合个体化的多重形式，能起到事半功倍的效果。

参考文献

［1］林辰，陈攀，黎玉宣. 中国壮医外治学［M］. 南宁：广西科学技术出版社，2015.

［2］林辰，吕琳. 壮医外治学［M］. 北京：中国中医药出版社，2017.

下篇

壮医外治技术各论

第六章　壮医手法

第一节　壮医驳骨手法

壮医驳骨手法是采用壮医技法和药物进行夺扼（骨折）固定和治疗的一种方法。该手法在桂西南及桂西北一带形成、发展、壮大，广泛吸取壮族地区民间经验，又在临床实践中不断创新完善而形成。其注重整体观念，在前人研究的基础上将各种驳骨手法操作归纳为内伤疗法与外伤疗法两大类。内伤以脏腑气血损伤为主，应运用传统医学四诊八纲确定损伤部位的病理变化；外伤以筋皮肉脉损伤为主，应运用望、比、摸等法进行检查，以对损伤部位、性质和程度作出判断。壮医驳骨手法强调筋骨并重，民间壮医有"驳骨容易顺筋难"之说，因此，在整复骨折与关节脱位前先将经筋理顺有利于复位，而复位后及时驳骨，可促使肢体功能早日康复。其基本流程是整复、固定、敷药、功能锻炼及预防并发症等。

一、适应证

壮医驳骨手法应用于四肢骨折、关节脱位等常见骨伤科疾病。

二、部位选择

根据损伤部位进行相应的驳骨手法治疗。

三、治疗方法

（一）用物准备

壮药外洗剂（大榕树叶、小榕树叶、苦丁茶、金银花、爬山虎、路边青叶煎煮液）或 75% 医用酒精，用于清洗患处以消炎；夹板、石膏、绷带或其他特殊固定带。

操作前医者需洗手或戴手套，并根据施术前的病情评估情况确定是否需要准备局部麻醉药物。

（二）体位选择

根据患者骨折、关节脱位的实际情况选择合适的体位，如坐位、俯卧位、仰卧位、侧位等。

（三）驳骨手法治疗流程

（1）医患沟通，取得患者配合。

（2）患者签署知情同意书。

（3）掌握复位标准，把握整复时机。

（4）取适宜体位，协助患者松开衣着，暴露治疗部位，注意让患者保暖。

（5）根据损伤情况，运用相应驳骨手法。对于骨折的整复，多选用摸、牵、抖、掐、接、续、整、把、托、捋等手法。

（6）操作过程中随时观察患者对治疗的反应，若有不适，应及时调整手法或停止操作，以防发生意外。

（7）尽可能一次复位成功，避免多次复位，防止医源性损伤。

（8）操作手法应轻重快慢适宜，用力需均匀，禁用暴力。

（9）将备好的壮药药膏均匀敷在患处周围，上下距患处分别超过 10 cm，用敷料包好。

（10）复位后，患肢在放松状态下，一般固定在功能位。

（11）操作完毕后，收拾医疗垃圾并整理治疗用物，进行手的卫生消毒。

（四）驳骨手法具体操作

（1）摸。在骨折复位前，需仔细触摸患处，先轻后重，由浅入深，由远及近，两端相对，详细了解骨折移位的情况（图 6-1-1）。

（2）牵。牵拉肢体，对抗肌肉拮抗力，矫正骨折断端重叠移位，恢复肢体的长度，类似于中医正骨的"欲合先离，离而复合"。先保持肢体受伤初始的位置，远近骨折段做对抗牵拉，将软组织内移位的骨折断端牵拉出来，再按照整复步骤改变肢体的方向，持续牵拉，纠正重叠。牵拉力的大小要根据个体及受伤部位肌肉丰厚差异情况，保持适宜。若骨折重叠移位纠正后出现侧方移位，多为牵拉力量过大所引起，多见于肱骨干骨折的复位。此时可以放松牵拉，重新整复，避免过度牵拉（图 6-1-2）。

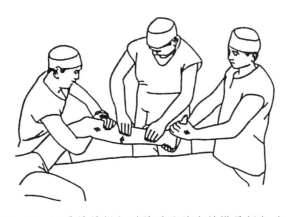

图 6-1-1　胫腓骨骨折行驳骨手法前先触摸骨折断端情况

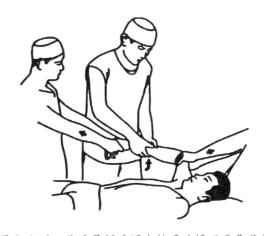

图 6-1-2　盖氏骨折采用牵拉手法矫正重叠移位

（3）抖。主要用于矫正骨折断端间软组织的嵌压。当肢体骨折断端移位后，常有肌肉肌腱等软组织嵌压骨折断端间隙内，一般牵引可以将其移出骨折断端。若牵引后发现骨折断端重叠纠正困难，存在弹性固定，此时可以通过抖动手法，将软组织从骨折断端间隙中解放出来，解除骨折断端的弹性固定，以利于骨折的进一步整复（图 6-1-3）。

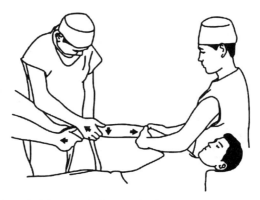

a.桡骨远端骨折采用牵抖手法解除骨折断端的软组织嵌压

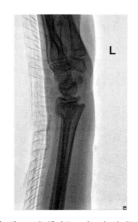 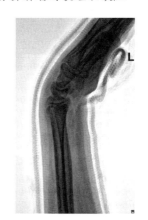

b.桡骨远端骨折，断端移位明显　　　c.复位后骨折断端对位对线明显改善

图6-1-3

（4）掐。主要用于进一步整复骨折断端的重叠移位。某些肌肉发达的患者，其骨折断端呈横断或锯齿状，经持续牵引后仍不能完全矫正骨折断端的重叠移位时，可使用该手法。医者可用两手拇指用力向下掐住突出的骨折断端，加大骨折断端的成角，依靠拇指下的感觉，估计骨折断端的骨皮质已经对顶相接后，骤然用力反折，此时环抱于骨折另一端的其余四指将下陷的骨折断端同时上提，而拇指则仍然用力将突出的骨折断端向下推，这样在拇指和其余四指之间形成一种剪切力，使重叠移位的骨折复位。力的方向根据骨折移位方向而定，属于单纯的前后方重叠时，正向用力；属于侧方移位时，则侧向用力（图6-1-4）。

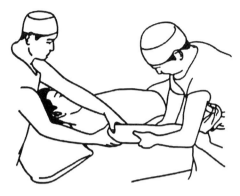

图 6-1-4 肱骨大结节骨折采用掐法复位骨折块

（5）接。用于纠正侧方移位。医者借助手掌、拇指直接用力于骨折断端，迫其复位。相对于人体中轴，内外侧（左右侧）使用端挤手法，用四指向医者方向用力为端，用拇指反向用力为挤；前后侧（上下侧）用提按手法，医者两手拇指按住突出的骨折一端向下为按，两手四指提起下陷的骨折另一端向上为提。操作时，医者用一只手固定骨折近端，另一只手握住骨折远端，或内端外挤，或上提下按。用力要适当，方向要明确，部位要确实，着力点要稳固。医者的手指与患部皮肤要密切相贴，通过皮下软组织直接作用于骨折断端，切忌在皮肤上来回磨蹭，以免损伤皮肤软组织（图 6-1-5）。

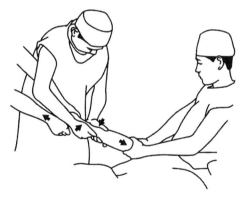

图 6-1-5 前臂双骨折采用接法端挤手法整复使其骨折断端合拢

（6）续。该手法主要用于横断型或锯齿型骨折，纠正其尚存的裂隙。医者可用两手固定骨折部，在助手维持牵引下稍稍左右或上下摇摆骨折远段，待骨折断端骨擦音逐渐变小至消失后，骨折断端即紧密吻合。横断骨折发生于骨骺

33

端松、密质交界处时，骨折复位固定后，可用手固定骨折部的夹板，另一只手掌轻轻叩击骨折远段的远端，使骨折部紧密嵌插，使复位后的骨折部位更加稳定（图 6-1-6）。

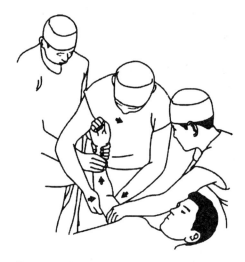

图 6-1-6　尺桡骨骨折复位后采用续法轻叩尺骨鹰嘴使骨折端加压

（7）整。主要用于纠正并列骨的骨折，如尺桡骨、胫腓骨的骨折，骨折断端因骨间肌或骨间膜的收缩而互相靠拢。复位时，医者应以两手拇指、食指、中指、无名指，由骨折断端夹挤两骨间隙，使靠拢的骨折断端分开，远近骨折段相应稳定，并使双骨折的复位像单骨折复位一样简单易行（图 6-1-7）。

（8）把。主要矫正骨折断端间的旋转及背向移位。牵引中通过旋转以远段对近段，使骨干轴线相应对位，旋转畸形即自行矫正，是一种回绕、接应手法。回绕手法多用于骨折断端之间有软组织嵌入的股骨干或肱骨干骨折，或背对背移位的斜面骨折。应先加重牵引，使骨折段分开，嵌入的软组织常可自行解脱；然后放松牵引，医者两手分别握住远近骨折段，按原来骨折移位方向逆行回绕，导引骨折断端相对。可从骨折断端相互触碰音的有无和强弱来判断嵌入的软组织是否完全解脱。背对背移位的骨折以骨折移位时的相反方向施行回绕手法。回绕时必须谨慎，避免损伤血管神经。如有软组织阻挡感时即应改变回绕手法的方向，常可使背对背的骨折断端变成面对面（图 6-1-8）。

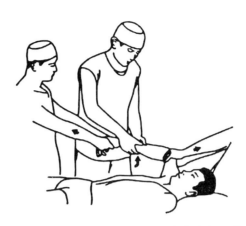

图 6-1-7 前臂双骨折采用整法对其进行分骨处理

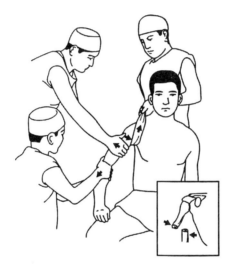

图 6-1-8 肱骨干骨折驳骨时需把住远折端去"接应"近端

（9）托。主要矫正骨折断端间的成角畸形。关节附近的骨折容易发生成角畸形，这是近关节侧的骨折段受单一方向的肌肉牵拉过紧所致。此类骨折单纯依靠牵引不但不能矫正畸形，甚至会适得其反，牵引越重，成角越大。对单轴性关节（肘、膝）附近的骨折，只有托举关节，将远侧骨折段连同与之形成一个整体的关节远端肢体共同牵向近侧骨折段所指的方向，才能矫正成角。如治疗伸直型肱骨髁上骨折，需要在牵引下屈曲；而治疗屈曲型肱骨髁上骨折则需要在牵引下伸直。关节（如肩、髋、踝关节）附近的骨折，常常有 3 个平面上的移位（水平面、矢状面、冠状面），复位时要改变多个方向，才能将骨折整复（图 6-1-9）。

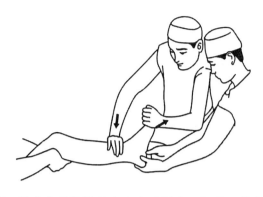

图 6-1-9　踝关节骨折脱位在牵引时屈曲，托举踝关节使其复位

（10）将。主要用于调理骨折周围挫伤的软组织，使受到损伤变形的肌肉、肌腱及气血循环随着骨折的复位而得以恢复和舒展。这种手法对于治疗软组织丰富的关节周围的骨折尤为重要，还可起到散瘀舒筋的效果。操作时切忌粗暴，应采用轻柔手法，按肌肉、肌腱走行方向，由上而下，顺骨将筋（图 6-1-10）。

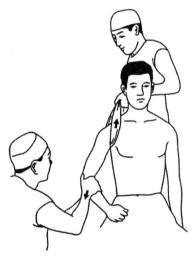

图 6-1-10　在肱骨外科颈骨折整复中使用顺骨将筋手法

第二节　壮医经筋手法

壮医经筋手法是在壮医理论指导下，借鉴中医经脉理论，在长期医疗实践中形成的一种外治疗法。医者运用各种手法作用于患者的筋结病变点上，以达到治疗疾病的目的。经筋手法能起到"松筋解结、结解则松、筋松则顺、筋顺则通、

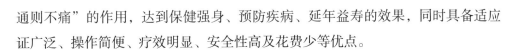

通则不痛"的作用，达到保健强身、预防疾病、延年益寿的效果，同时具备适应证广泛、操作简便、疗效明显、安全性高及花费少等优点。

一、适应证

壮医经筋手法应用于各种经筋病证。主要包括人体在内外致病因素的作用下，出现"三道两路"功能障碍、天地人三气不能同步，使人体肌筋系统发生病变，肌肉筋结受损而呈现的疼痛、酸胀、僵硬及活动受限等。

二、作用机理

通过揉、按、捏等物理调理方式，将医者之气和力直接作用于患者筋肉系统，使其在外来的气和力的压迫、牵拉等作用力下产生反作用力，疏通"三道两路"，使病理性的肌肉紧张、经筋结节和气血阻塞等状态转变为生理性的状态并使气血通畅；与此同时，通过手法施治，使挛缩的肌肉和经筋对周围组织的牵拉、压迫得以解除，肌肉和经筋本身及周围组织恢复生理平衡，生理功能亦得以恢复，天地人三气恢复同步运行功能，达到治病强身的效果。

三、治疗原则

壮医经筋手法的治疗原则是在探查经筋的筋结点、以痛为腧的基础上，将经筋病灶点拟定为施治的主要部位，所创立的以灶为腧的施术原则。同时确立了以理筋法、刺筋法、经筋拔罐法及三联施治法等为基础的经筋消灶解结法，也称综合消灶法，用以治疗各种筋性疾病。对一些疑难、复杂的经筋疾病，由于多维性筋结点的分布特点，临床除采用综合消灶法外，还创立了系列解结、多维解锁、整体调机等更为复杂的壮医经筋施治术，从而使机体能够获得广泛的舒筋减压、以通得补、全面疏通、通道养路、三气同步的治疗效果。

经筋手法的治疗效果，决不单纯取决于手法力量的大小，还取决于手法与经筋部位能否有机结合，将不同的手法作用于不同的部位。如果力量是不一样的，则患者的反应也会完全不一样，治疗效果就会存在差异。因此，运用壮医经筋手法治疗时，必须做到刚柔相济、动静结合。经筋疾病的治疗必须做到"阳病解阴治阳，阴病解阳治阴，筋骨并重，调治结合"。由于"肝肾同源"，即肝主筋，肾主骨，肝肾关系密切，筋伤与骨伤既能单独发生，也可同时发生，并可能相互影响，所以治疗需要遵循筋骨并重的原则。同时，对经筋疾病的治疗应针对不同的病因病机采取不同的治疗手法，其手法原则是根据经筋分布区进行顺筋治疗，以祛瘀、解痉、散结、复正为手段，使经筋疏通、"三道两路"通畅及天地人三气同步，从而达到治病的目的。

四、部位选择

根据经筋摸结诊法查找到的筋结点进行治疗。经筋病灶是在经筋体系所属的肌筋膜带及结缔组织等部分所形成的临床病态阳性体征。因为人体的经筋组织结构体系庞大、成分复杂，起止、分布及功能各异，并形成纵横交织状态，所以经筋病变的临床体征具有广泛性和多形性等特点。在临床诊察时，需要根据经筋的不同分布部位、不同组织性质来加以识别和确认。经筋病灶常可分为4种类型：病灶点、病灶线、病灶面及多维性病灶。

经筋疾病易发病的8个区域如下。

（1）头部。眶膈筋区、额筋区、颞筋区、耳筋区、枕筋区、顶筋区、面筋区。

（2）颈部。颈侧筋区、颈后筋区。

（3）肩背部。冈上筋区、冈下筋区、肩胛间筋区、夹脊筋区。

（4）腰臀部。臀筋区、臀外侧筋区、腰三角筋区。

（5）胸部。胸骨筋区、胸肋关节筋区、锁骨下筋区、外侧胸筋区、肋弓筋区、剑突及游离肋骨筋区。

（6）腹部。腹浅层筋区、腹深层筋区。

（7）上肢。肩筋区、上臂筋区、肘筋区、前臂筋区、腕筋区、指掌关节筋区。

（8）下肢。腹股沟筋区、股三角筋区、股筋区、膝关节筋区、小腿筋区、踝关节筋区、跖趾筋区、足底筋区。

五、治疗方法

（一）用物准备

治疗巾或大浴巾。

医者操作前应用皂液和流动水冲洗双手。连续操作时，每操作一个患者后都应用皂液和流动水洗手或用快速手消毒液搓擦2 min。结束操作后应进行手的卫生消毒。

（二）体位选择

根据要操作的患者经筋线选择合适的体位，如坐位、俯卧位、仰卧位、侧位等。

（三）操作流程

（1）做好解释工作，取得患者配合。

（2）取适宜体位，协助患者松开衣着，暴露治疗部位，注意让患者保暖。

（3）在治疗部位上铺治疗巾，对腰部、腹部进行按摩前，嘱患者先排尿。

（4）先查灶后治疗：医者运用拇指的指尖、指腹及拇指与其他四指的指合力或肘关节之尖（鹰嘴）、钝（肱骨内髁）、硬（前臂尺骨面）、软（前臂内侧面）4个部位顺着患者经筋线施行全线按、揉、点、推、弹、拨等松筋理筋手法，重点推按查找筋结点，使所治疗的经筋全线松解为佳。

（5）操作过程中随时观察患者对手法治疗的反应，若患者有不适，应及时调整手法或停止操作，以防发生意外。

（6）操作手法应轻重快慢适宜，用力需均匀，禁用暴力。每次推拿时间一般为 15 ～ 30 min。

（7）操作完毕后，收拾医疗垃圾并整理治疗用物，进行手的卫生消毒。

（四）经筋查灶的要求和方法

（1）体位。一般取卧位（仰卧位或俯卧位），还可根据需要取侧卧位。

（2）顺序。先全面后重点。一般从头部开始，顺及颈、肩、胸、腹、背、腰及四肢。先全面探查，主要了解患者整体经筋病变的基本情况；然后对经筋疾病的重点病区及继发连锁反应形成的体征部位进行详细诊察，务求查出明显的及潜伏的阳性病灶，并记录病灶分布情况，为进一步治疗提供准确、可靠的依据。

（3）技术要领。

①熟悉诊察的部位、区域的生理结构状况，做到心中有数，手下才能游刃有余。

②要充分发挥拇指的指尖及指腹的灵敏作用，并合理运用指掌和指合力的功能及作用。

③必须双手密切配合，经过触摸、查找，及时、准确地发现和辨认出阳性病灶及其准确位置。

④要具备识别真假阳性病灶的能力。即通过触摸、诊察，将查出的病灶进行真伪辨别，然后在经筋理论的指导下，根据查出的经筋病灶阳性体征推断疾病形成的原因及性质，进而确认疾病的本质，为进一步确立治疗原则和治疗方法提供正确依据。

（五）经筋手法的具体操作

（1）治疗顺序。经筋手法的治疗顺序依据经筋病证的不同而不同。如果病证是四肢肌肉和经筋酸痛胀麻或疲劳不适等，如运动员或体力劳动者，一般手法顺序是从头做起，先按头背部，再到手足部；如果是脏腑疾病引起的经筋病证，则由下往上，即从足部往头部方向治疗，先治疗足部，然后让患者取俯卧位，治疗背部，之后再让患者取仰卧位，治疗胸腹、上肢，最后治疗头部；如果病证是局部疼痛或筋骨疼痛，则先对局部施予手法后，再行针灸或拔罐，或用药酒、药油外搽患处。施术时，可以单手施术按压经筋的筋结点，也可以两手同时施术按压经筋的小阴阳、大阴阳。小阴阳是指患者单侧腿或单侧手的经筋，大阴阳是指患者两侧腿或两侧手的经筋。

（2）施行力度。各种治疗手法，都需要通过一定的力度去刺激、作用于经筋病灶，适当的力度对经筋疾病的治疗至关重要。力度太轻，可能起不到治疗作用；相反，力度太重可能会引起患者肌肉和经筋损伤，加重病情。临床可将经筋手法力度的大小分为轻、中、重三级，即轻度用力、中等用力、重度用力。力度的大小与接触面积和持续时间有关，一般来说，力与接触面积成反比，与作用时间成正比。因此，需要加大力度时，应选择与患者接触面积小的手法，并增加手法与作用部位接触的时间。

经筋手法所使用力度的强弱对经筋功能的影响是多方面的。从神经生理学的角度来看，缓和、轻微且连续的刺激，有兴奋周围神经的作用，但对中枢神经有抑制的作用；急速、较重且短暂的刺激，可使中枢神经兴奋，但会抑制周围神经。所以，在临床实施经筋手法的过程中，应根据这一生理特性，针对不同经筋病证或筋结病灶的不同病理变化，采取相应的治疗手法。手法既要持续有力，又要刚柔相济，并贯穿于整个经筋治疗的各种技术操作过程中。

（3）基本经筋手法。基本经筋手法包括弓钳手法、掌功法、指功法、肘臂法、肘尖法5种。

①弓钳手法。由于拇指指尖具有极高的灵敏度、极强的感知力及灵巧的操作能力，能够切入人体的溪谷深处穴位，其主要作用无物能及，因此弓钳手法在理筋治病方面，具有特殊的使用价值和极强的功效。可分为单弓钳手法和双弓钳手法2种。

单弓钳手法：医者一只手四指并拢，与大拇指联合构成弓形手势，以并拢的四指指端作为用力的支持力点，然后充分运用大拇指的指尖或指腹，作为查灶及消灶的工具使用（图6-2-1）。

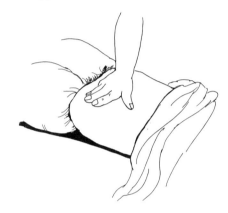

图 6-2-1　单弓钳手法

双弓钳手法：是在单弓钳手法基础上发挥双手的密切配合作用而实施的手法。双弓钳手法不仅能查明和消除微细筋结病灶，而且对病变范围广泛的肌筋紧张带、紧张线及紧张区，均能起到良好的缓解和解除肌筋紧张的作用。临床运用时，以经筋病灶作为诊治目标，根据病灶形状，将双手的拇指指腹分别作用于病灶外围，先从外围向病灶揉拨探查，然后跨过病灶区域，继续双手交替揉拨病灶周围，待探查分清病灶的形态后，再施以适宜的治疗力度。相对于探查，治疗时所使用的力度稍微偏大一些，但切忌暴力，以免力量过大造成周围组织损伤。双弓钳手法是解除筋性疲劳、筋性紧张综合征、肌筋膜紧张综合征、骨骼肌疼痛综合征及与紧张相关的疾患等最为有效的治疗方法（图6-2-2）。

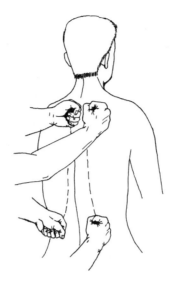

图 6-2-2 双弓钳手法

②掌功法。掌功法可分为单手掌功法和双手掌功法 2 种。

单手掌功法：以手掌功力为主要手法的一种理筋治病方法。其用力部位在掌，运用掌合力对病变的肌肉和经筋或病灶施行握捏、提捏及揉搓等手法实施治疗。单手掌功法主要运用于病变部位较大的病灶区，如头颈、四肢及胸腹等部位。

双手掌功法：是在单手掌功法的基础上，充分发挥双手功能密切配合的一种理筋治病方法。除了运用双手掌功的握捏达到治病功效，双手掌功法还可利用两手的对冲合力作用，同时对治疗部位加以前后或左右对向性的调节治疗，从而产生广泛而显著的舒筋活络的功效。如头颈部的经筋病灶，运用双手掌功法进行施治，不仅可以缓解肌筋紧张，还可获得消除脑循环瘀滞的特殊疗效。

掌功法具有方法多变、施治范围广泛及舒筋活络功效显著等特点。另外，针对不同的施治部位，在充分运用掌功法的同时，可辅以大拇指指尖或指腹的指功手法，可能会收到更好的临床疗效。

③指功手法。指功手法是运用手指尖的作用力进行治疗的一种手法。具体方法是将手指尖置于施治部位，然后运用腕掌的压力及手指的收缩力，并依靠手指的灵敏性，探测经筋病变部位的集结性病灶。在明确病灶特点的基础上，充分运用上述指合力作用，对病灶施以切按、切拨、搂按、搂拨等手法进行"以消解结"的治疗，使局部病灶消散，舒筋活络，达到治病目的。运用指功手法治疗四肢小

关节时，可以在上述手法的基础上，令拇指的指尖与食指或中指构成指合力，并发挥指尖的点穴切治功能，对指掌微小关节或足关节的病变部位进行施治，施治的重点位置是关节背面四点微骨突及关节囊（图6-2-3）。此外，对于少数伴发有指间及指侧肌肉和经筋病变者，也需用此方法加以疏理。指功手法还可以运用于头部的颅顶区、显筋区及枕筋区的治疗（图6-2-4），施治后患者即可获得局部的高度舒适感。

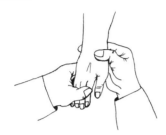

图 6-2-3　指功手法施行于手掌部　　　图 6-2-4　指功手法施行于头面部

④肘臂法。肘臂法是运用人体上肢前臂尺骨近端作为理筋治病工具的一种治疗方法。运用本手法理筋治病时，应将尺骨近端底面置于施治部位，利用臂力及必要时施加身体的重力为一体，于施治部位施以推拨、揉拨、揉按等方法，对患者的肩、背、腰、腿及上肢施以理筋治疗。

⑤肘尖法。肘尖法是运用人体的肘部尺骨鹰嘴作为施治工具，对人体的腰背部及臀部肌肉丰厚部位施行理筋治病的一种治疗方法。运用本手法治病时，特别要注意施治力量的大小，一般以轻度、中度用力为宜，避免用力过大（图6-2-5）。

图 6-2-5　肘尖法治疗腰背疾病

六、注意事项及禁忌证

（1）医者在治疗前须修剪指甲，以免伤及患者皮肤。

（2）孕妇的腰骶部与腹部、经期妇女均忌用此疗法。

（3）年老体衰、久病体虚或极度疲劳、剧烈运动后、过饥过饱、醉酒等状态下的患者均不宜或慎用此疗法。

（4）患严重心脏病、各种出血性疾病、结核病、肿瘤、脓毒血症者及骨折早期（包括颈椎骨折损伤）、截瘫初期患者忌用此疗法，烫伤、皮肤破损及溃疡性皮炎的局部忌用此疗法。

第三节　壮医点穴手法

壮医点穴手法是在患者体表穴位和刺激线上，运用点、按、拍、掐、叩、捶等不同手法，促使机体的功能恢复正常，以防治疾病的一种方法。点穴手法的优点是取穴精准、指法简便、适应证广泛、安全系数高、副作用少以及疗效显著。

一、适应证

壮医点穴手法适用于各种咔吒（痹症）、麻邦（中风）后遗症、颈肩胛腰腿疼痛综合征、消化系统疾病、神经衰弱、各种原因引起的疼痛。

二、部位选择

壮医点穴手法的施治部位主要是阿是穴、反应点、中医经络穴位。选穴原则如下。

（1）对于颈腰椎退行性变、肌肉劳损型痛症疾病，可局部选取阿是穴，综合运用各种手法进行治疗。

（2）临床常见内科疾病可按照经络循行方向取穴。

①头面颈部常用穴位：百会（督脉）、率谷（足少阳胆经）、完骨（足少阳胆经）、听会（足少阳胆经）、听宫（手太阳小肠经）、翳风（手少阳三焦经）、丝竹空（手少阳三焦经）、承泣（足阳明胃经）、四白（足阳明胃经）、迎香（手阳明大肠经）等穴。

②胸腹部常用穴位：天突（任脉）、缺盆（足阳明胃经）、鸠尾（任脉）、巨阙（任脉）、神阙（任脉）、天枢（足阳明胃经）、气海（任脉）、关元（任脉）等穴。

③肩背腰部常用穴位：肩井（足少阳胆经）、秉风（手太阳小肠经）、天宗（手太阳小肠经）、臑俞（手太阳小肠经）、肩贞（手太阳小肠经）、附分（足太阳膀胱经）、风门（足太阳膀胱经）、膈俞（足太阳膀胱经）、肾俞（足太阳膀胱经）、腰眼（经外奇穴）、关元俞（足太阳膀胱经）、膀胱俞（足太阳膀胱经）、肩中俞（手太阳小肠经）、大杼（足太阳膀胱经）、心俞（足太阳膀胱经）、胃俞（足太阳膀胱经）、大肠俞（足太阳膀胱经）、定喘（经外奇穴）、肝俞（足太阳膀胱经）等穴。

④上肢部常用穴位：肩髃（手阳明大肠经）、臂臑（手阳明大肠经）、臑会（手少阳三焦经）、肩髎（手少阳三焦经）等穴。

⑤下肢部常用穴位：环跳（足少阳胆经）、承扶（足太阳膀胱经）、髀关（足阳明胃经）、伏兔（足阳明胃经）、阳陵泉（足少阳胆经）、阴陵泉（足太阴脾经）、足三里（足阳明胃经）、承山（足太阳膀胱经）、太冲（足厥阴肝经）、三阴交（足太阴脾经）、血海（足太阴脾经）、太白（足太阴脾经）、公孙（足太阴脾经）等穴。

三、体位选择

让患者选择舒适妥当的体位，有利于医者取穴操作，提高疗效。

（1）仰卧位。适用于前身部的穴位操作。

（2）俯卧位。适用于后身部的穴位操作。

（3）侧卧位。适用于侧身部的穴位操作。

（4）仰靠坐位。适用于头面、前颈、上胸、肩臂、腿膝、足踝等部的穴位操作。

（5）俯伏坐位。适用于顶枕、后项、肩背等部的穴位操作。

（6）侧伏坐位。适用于顶显、耳颊等部的穴位操作。

（7）屈肘仰掌位。适用于肩臂、前臂屈侧面、手掌部的穴位操作。

（8）屈肘俯掌位。适用于肩臂、前臂、手背部的穴位操作。

（9）屈肘侧掌位。适用于肩臂、前臂外侧面、腕掌部的穴位操作。

四、壮医点穴手法的具体操作

（1）点法。掌指关节微屈、食指按于中指背侧，拇指抵于中指末节，小指、无名指握紧。医者以中指指端快速点于选定的经络和穴位上，利用手腕和前臂的弹力迅速抬起，如此反复叩点，一般每秒2～3次。

点法有轻、中、重之分。轻叩只运用腕部的弹力，属弱刺激，作用偏于补，多用于小儿、妇女和年老体弱患者;中叩需运用肘部的弹力,属中刺激,平补平泻;重叩要运用肩部的弹力,属强刺激,作用偏于泻,主要用于青壮年、体质强壮及临床表现为实证的患者。

(2)按法。将拇指伸直,指端按在穴位上,用力向下按压,其余四指伸张或扶持于所按部位的旁侧(图6-3-1)。拇指指端不要在按的穴位皮肤上滑动或移位,否则易擦伤患者皮肤。此法属强刺激。

(3)拍法。食指、中指、无名指、小指关拢微屈,拇指与食指第二关节靠拢,虚掌抽打,以指腹、大小鱼际触及被拍打部位的皮肤。操作时,以肘关节为中心,腕关节固定或微动,肩关节配合,手掌上下起落拍打。切忌腕关节活动范围过大,以免手掌接触皮肤时用力不均。

图6-3-1　按法点穴

(4)掐法。以拇指或食指的指甲,在穴位上进行抓掐,只适用于指、趾关节部。操作时,一手握紧患者应掐部位的腕、踝关节,以防止肢体移动,另一手捏起肢端,对准穴位进行爪切(图6-3-2)。

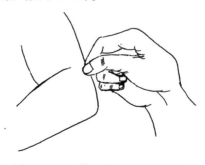

图6-3-2　掐法作用于曲池穴

（5）叩法。五指敞幅并齐，指尖靠拢。操作时以手腕带动肩、肘部，叩击选定的经络、穴位。叩法分指尖叩法和指腹叩法2种。指尖叩法中与穴位接触的是指尖，多为重手法；指腹叩法中与穴位接触的是指腹，多为轻手法（图6-3-3）。

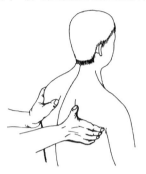

图6-3-3　指腹叩法点穴

（6）捶法。五指微握拳，将大拇指指端置于食指内下方，以小鱼际外侧面接触穴位。操作时医者应沉肩、垂肘、悬腕，以腕关节为活动中心，根据轻重刺激的不同要求进行捶打，使患者既感到一定的力度，又觉得柔和轻快。

（7）捋法。循着穴位、经络或筋骨走行方向，使用指尖和指腹捋顺经气，使痉挛的肌肉或筋膜得到松解，起到舒筋止痛的效果（图6-3-4）。操作时切忌粗暴，宜采用轻柔手法。

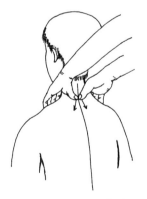

图6-3-4　循经捋穴

（8）旋转法。此法多为大手法，需借助特殊体位或器械完成，如腰椎斜扳法。令患者侧卧，健腿伸直在下，患腿屈曲在上，医者站于患者腹侧。一手按住患者肩部，前臂靠患肩，向后推；一手按住患者髂部，肘部压患髋，向前拉。在患者全身放松的情况下，轻轻地摇动其腰部，待推拉到最大幅度时，突然用巧劲迅速用力推拉一下，听到患者腰骶部"咔嗒"响声即可。如未闻声响，则双手改变位置，以同样手法，向相反方向再重复 1 次（图 6-3-5）。

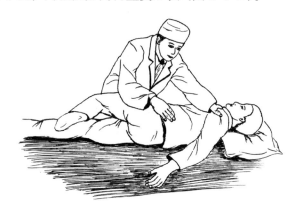

图 6-3-5　腰骶部旋转法

五、注意事项

（1）点穴治疗后患者往往在施术部位有酸、胀、麻、热、抽动感，此为正常现象。

（2）临床上有个别患者经点穴治疗后症状暂时加重，一般 3～4 天后即可消失，病情随之好转，应告知患者，不必顾虑。

（3）治疗时，如患者因体质较弱或医者手法过重而出现头晕、恶心、面色苍白甚至晕厥等症，应及时处理，一般按压人中穴或掐手指根、足趾根后患者即能迅速恢复。

（4）在运用手法时，应按照"轻→重→轻"的原则，手法不宜过重，以防造成骨折。

（5）施术时须根据患者的着力部位、体质、性别、年龄等差别，采用轻重不同的手法。

①对头部、肩胛部的穴位，手法要轻。

②对年幼、年老、体弱的患者及病变的区域，手法要轻。

③对身体强健、肥胖的患者和位于肌肉丰满处的穴位，手法可稍重。

（6）疗程：轻症患者可隔天治疗 1 次，病情严重者可以每天治疗 1 次。发病时间较久的慢性病，以 1～2 个月为 1 个疗程。

六、点穴手法的禁忌证

合并急性病包括化脓性关节炎、急腹症、传染病等。患严重高血压、心脑血管疾病、肝肾和造血系统等方面严重危及生命的原发病、精神病者，妊娠期妇女，身体极度虚弱及有出血倾向者禁用。

参考文献

［1］黄汉儒 . 中国壮医学［M］. 南宁：广西民族出版社，2001.

［2］廖小波，钟远鸣 . 壮医伤科学［M］. 南宁：广西民族出版社，2006.

［3］林辰，陈攀，黎玉宣 . 中国壮医外治学［M］. 南宁：广西科学技术出版社，2015.

［4］覃彬原，赖春 . 壮医经筋推拿疗法配合手指点穴治疗腰椎间盘突出症［J］. 内蒙古中医药，2018，37（12）：82–83.

［5］尚天裕，董福慧 . 实用中西医结合骨伤科学［M］. 北京：北京医科大学、中国协和医科大学联合出版社，1998.

［6］韦英才 . 壮医经筋手法理论探讨及临床应用［J］. 辽宁中医药大学学报，2012，14（6）：16–17.

［7］钟鸣 . 壮医技法技术规范（壮汉双语）［M］. 滕明新，兰小云，蓝益平，译 . 南宁：广西科学技术出版社，2016.

第七章　药物外治法

第一节　药物外治法概述

一、药物外治法中的药物剂型

传统药物剂型包括丸、散、膏、丹、酒、露、汤、饮、胶、茶、糕、锭、线、条、棒、钉、灸、熨、糊等，这些剂型绝大部分可为壮医外治所用。随着科技的发展，药物剂型也在不断创新，产生了片剂、胶囊剂、颗粒剂、气雾剂、注射剂、膜剂等，这些剂型大多也可为外治所用。随着药物的提取、纯化、浓缩、干燥等技术的进一步发展，高分子材料及现代药物制剂学的微囊、微球、脂质体、微乳、微粉等技术不断应用于民族医药研发，可为壮医外治所用的新剂型也不断出现。如适合五官九窍及肺部黏膜给药的剂型，包括贴膜、贴片、含片、气雾剂、喷雾剂、粉雾剂、凝胶剂、脂质体、微球、滴鼻剂、软膏剂、泡沫剂、海绵剂、栓剂、微型灌肠剂等数十种，还有适合皮肤给药的巴布剂等。这些药物用于外治时，同一剂型往往有多种给药途径，可能多次出现于不同分类的给药剂型中。

壮药自身的特点致使新剂型的研究中存在着一些问题，如针对活性成分的研究少、针对制剂在体内吸收及代谢过程的研究少等。同时，还存在药剂学和生物学脱节、未能充分重视中医药及民族医药的传统经验、采用西方哲学思想研究中（壮）药等问题。但这些新型药物制剂仍然代表了未来壮医外治剂型发展的方向。

二、药物外治法的作用原理

对于药物外治来说，使药物有效透过皮肤屏障进入体内产生作用是外治产生效用非常关键的环节。主要的促透途径有三条：一是依靠药物自身特性、溶剂和脂质体（传递体）包封，二是运用物理促透方法，三是运用化学促透方法。

（1）对药物性状进行改变，使药物和皮肤具有较高亲和力，以利于药物吸收。可将药物溶于适当的有机溶剂如酒（含乙醇）、醋（含乙酸）、食用油（含脂、酯）等以利于药物被人体吸收，也可将药物制成微乳、脂质体、传递体等容易透皮的制剂。有很多中（壮）药本身就具有良好的促透特性，在临床组方时可以考虑应用或添加这些中（壮）药。

（2）物理促透作用。通过物理方法改变皮肤或药物特性以促进药物透皮吸收。现在常用的物理促透方法有离子导入、电致孔、激光微孔、超声波导入等。其实日常生活中的加热、拔罐等方法也是通过改变皮肤特性而促进药物吸收。在物理促透方面最新的研究成果是基于微制造技术的微针的应用。

（3）化学促透作用。除用化学手段对药物性状进行改变及添加必须的化学溶剂外，添加化学促透剂是目前壮医外治研究的热点内容。早期的化学促透剂主要有丙二醇、二甲基甲酸酯、二甲基亚砜等，现在则以氮酮、萜类的应用最为广泛，此外还有一些外用的挥发油类物质。由于相同的药物配方在不同的促透剂或同一种促透剂的不同浓度下会产生不同的透皮效果，对不同的药物组方可能需要多种化学促透剂联用，且要对促透剂的最佳浓度进行配比研究，并非是促透剂浓度越高促透效果越好。新的化学促透剂的研究也在不断推进中，2006 年，中国科学家发现了由 11 种氨基酸组成的能高效帮助蛋白质类药物透皮的短肽，可有效促进胰岛素在大鼠经皮的吸收。研究发现这种蛋白质可短暂打开皮肤屏障，并发现大鼠毛囊有可能是透皮的通道，其成果发表于《自然》（Nature）杂志。这些研究为壮医外治的研究和发展提供了思路。

第二节　壮医敷贴疗法

壮医敷贴疗法是将特定壮药研为细末，再与各种不同的液体混合调制成糊状制剂，敷贴于人体某些部位或穴位上，通过皮肤吸收药物，调节人体机能，使天地人三气同步平衡，以达到预防、治疗疾病的一种药物外治法。

一、作用机理

壮医学认为，疾病的本质是机体本身的功能紊乱、失调或外来致病因素的损害和影响。正邪在体内相争，正气相对虚弱，抵御无力，毒邪乘虚而入，导致阴阳失调，脏腑、"三道两路"功能紊乱等一系列病理变化。壮医敷贴疗法通过药物刺激体表，激发经络功能，能起到祛风毒、除湿毒、化瘀毒、散寒毒、清热毒、消肿痛、通调龙路火路气机等功效，从而达到治愈疾病的目的。

现代医学认为，各种敷贴药物作为外界物质作用于人体皮肤、黏膜，在作用部位的组织内引起各种生物化学及物理学变化，如组织发热、离子状态改变、生物活性物质产生等。这些变化引起神经末梢感受器的兴奋，通过传入神经通道，引起相应皮质中枢的兴奋，然后经传出神经及体液系统产生局部或全身性的反应，如保护反应、适应反应、组织再生反应等，从而使机体各系统或器官之间及机体与外界环境之间恢复动态平衡，如病原的抑制及消失，机体排异性功能的提高，病理过程的吸收、消散等，进而达到治疗目的。另外，再结合药物、湿热刺激等作用，使局部血管扩张，血液循环加快，促进药物的传输、渗透和吸收，增强药物效果。

二、适应证

壮医敷贴疗法的应用范围非常广泛，不但可以治疗体表的病证，也可以治疗脏腑的病证；既可治疗某些慢性病，又可治疗一些急性病；能治疗多种虚寒证，也能治疗一些实热证。敷贴疗法必须在壮医学基础理论的指导下进行辨病施治，适用于内科、外科、妇科、儿科、五官科等的多种常见病、多发病。其常见的适应范围如下。

（1）内科。奔唉（咳嗽）、奔墨（气喘）、咔吃（痹症）、麻邦（中风）、血压嗓（高血压）、年闹诺（失眠）、胴尹（胃痛）、奔鹿（呕吐）、沙呃（呃逆）等。

（2）外科。颈部淋巴结结核、幽堆（前列腺炎）、呗（痈疮肿毒）等。

（3）骨伤科。夺核拖（腰椎间盘突出症）、活邀尹（颈椎病）、夺扼（骨折）、林得叮相（跌打损伤）等。

（4）儿科。航靠谋（疟腮）、勒爷屙泻（小儿泄泻）、勒爷奔疳（小儿疳积）、勒爷病卟哏（小儿厌食症）、小儿支气管炎等。

（5）妇科。京尹（痛经）、乳腺增生、慢性盆腔炎、子宫肌瘤等。

（6）五官科。口腔溃疡、楞涩（过敏性鼻炎）、近视、副鼻窦炎、急性扁桃体炎等。

三、部位选择

（1）对于夺扼（骨折）、林得叮相（跌打损伤）、关节扭伤、航靠谋（痄腮）、呗（痈疮肿毒）等病证，可直接敷于患处。

（2）根据病情选择相应的穴位敷贴，如年闹诺（失眠）可敷贴三阴交、神门等穴，胴尹（胃痛）可敷贴足三里、中脘等穴。

四、敷贴疗法分类

敷贴疗法使用的剂型有散剂、糊剂、饼剂、锭剂、膏剂、鲜药剂等。鲜药剂是民间壮医最常用的剂型，其方法是将新鲜的生药捣烂加酒或加醋调匀，用于治疗夺扼（骨折）、林得叮相（跌打损伤）或各种痛症；散剂也较为常用，将干燥后的药物磨成粉末，过筛后保存备用。散剂可直接用于敷贴，或将药粉和水、酒、醋或油等混合调成膏状，分装后消毒备用。散剂敷贴在壮族民间被广泛应用于骨折敷贴、痛症敷贴、穴位敷贴、三伏敷贴等，疗效确切，安全，价廉，有很高的应用价值。

（1）骨折敷贴。一般采用新鲜壮药，视不同病证可加酒、醋、麻油、生姜、食盐、蛋清等捣烂混匀后敷贴于患处，可直接外敷或炒热后外敷，用纱布绑好并固定，用于治疗夺扼（骨折）、林得叮相（跌打损伤）、关节扭伤、外伤等。可每天换药2次，药干后可用冷开水湿润。

（2）穴位敷贴。将壮药磨成粉末状，加工成小圆饼，贴在特定的穴位上，外用胶布固定（胶布要剪几个小孔以便通气），隔1～3天换药1次。适用于感冒的预防及治疗过敏性气喘、楞涩（过敏性鼻炎）、异位性皮肤炎、经常反复性感冒等疾病。根据病证来选择腧穴，一般选择3～5个穴位进行敷贴，哮喘及鼻炎多选择肺俞、定喘、大肠俞、膏肓、大椎、天突、膻中、血海、小海等腧穴；免疫力低下、反复感冒多选择肾俞、膈俞、脾俞、涌泉、足三里等腧穴；过敏皮炎等选择膈俞、血海、小海、心俞、肝俞等腧穴（图7-2-1）。

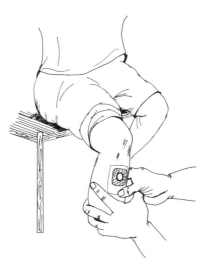

图 7-2-1　穴位敷贴

（3）壮药膏药散外敷。将壮药制成药膏或药散，撒于胶布上，敷于患处，隔 1～3 天换药 1 次。

五、敷贴疗法的具体操作流程

（一）治疗前病情评估

（1）了解患者治疗前的症状、临床表现、药物过敏史、心理状态。

（2）了解女性患者是否在月经期、妊娠期。

（3）评估患者对热度的耐受程度。

（4）对患者进行目诊。①阳证：勒答（眼睛）脉络粗大，呈深红色，曲张明显。②阴证：勒答（眼睛）脉络色淡，弯曲，边界混浊、散乱、模糊不清，末端有瘀点；上睛有雾斑或瘀斑。

（5）对患者进行甲诊。①阳证：甲色过深，呈鲜红色、深红色、红紫色或青紫色。②阴证：甲质薄脆，色淡或苍白，甚至易断裂，按压甲尖放开后恢复原色较慢。

（6）评估患者进行敷贴治疗部位的皮肤情况，判断治疗环境是否符合保护患者隐私及保暖的要求。

（二）治疗前用物准备

进行敷贴治疗前必须在操作房间内准备好治疗车／治疗盘、调配好的壮药敷贴、一次性垫巾、保鲜膜、胶布、治疗单、手电筒、微波炉、手部消毒液、医疗垃圾桶、绷带等。

（三）敷贴治疗操作流程

1. 操作前

（1）洗手，戴口罩、医用帽。

（2）携带治疗用物至患者床边，核对患者姓名、床号、年龄、治疗部位等信息。

（3）指导患者选择合适体位，垫好治疗巾，暴露治疗部位。

（4）清洁治疗部位的皮肤。

2. 操作中

（1）再次核对敷贴药物及患者治疗部位。

（2）根据治疗部位面积，制作合适的药贴，阳证药贴无须加热，阴证药贴需要用微波炉加热至 40 ~ 45 ℃。

（3）理筋。在患者治疗部位先行 5 ~ 10 min 理筋手法，阳证手法较重，以患者耐受为度；阴证手法稍轻，以患者舒适为度。

（4）调试药贴温度合适后，将药贴敷于治疗部位。

（5）用保鲜膜及胶布固定药贴，并在保鲜膜上记录敷贴开始时间。

3. 操作后

（1）贴毕，取下垫巾，整理患者体位；询问患者治疗感受；告知患者敷贴 4 ~ 6 h。

（2）再次核对患者信息，收拾医疗垃圾并整理治疗用物。

（3）洗手，记录治疗信息。

六、注意事项

（1）凡使用对皮肤有刺激性的药物或治疗皮肤对药物过敏者时，均不宜过久敷贴。

（2）散剂在存放时应注意防潮、防霉、防蛀等。

（3）敷贴前，患者治疗部位及医者手掌要进行常规消毒，以防感染。敷贴后，治疗部位要进行固定包扎。

（4）一般不可在同一穴位连续敷贴 10 次以上，以免刺激过久损伤皮肤。

（5）小儿皮肤较嫩，故用量要小，时间宜短。

（6）用新鲜草药外敷时，应先将新鲜草药洗净，可用高锰酸钾溶液消毒。

七、禁忌证

皮肤过敏者禁用；有可疑过敏史者，药量要先从少量开始，时间要短，之后再逐渐增加药量及延长时间。

八、敷贴疗法的临床应用案例

(一) 活邀尹

活邀尹［hoziuin］（颈椎病）是发生在颈部的骨关节退行性病变，根据临床表现分为神经根型、脊髓型、椎动脉型、交感神经型 4 种类型。主要症状为颈痛、颈部僵硬，有时疼痛放射至上肢。壮医认为，该病是由于外感风寒湿邪，阻滞经脉，以致气血阻闭不通，不通则痛；经筋失养，横络盛加，致筋结形成，阻滞龙路火路，使天地人三气不能同步，从而引起颈项疼痛为主症的一类病证。

【病例】潘某，男，55 岁，2020 年 4 月 14 日初诊。主诉颈项疼痛半年，加重伴头晕、胸闷 2 周。患者半年前出现颈项部疼痛，颈部活动受限，坐立时间略长时出现颈项部胀痛难忍，未予重视治疗；2 周前因运动后出现颈项部疼痛加重，伴有头晕、胸闷、心慌、恶心、出冷汗等不适，遂来就诊。望诊见颈椎生理曲度存在，颈项部肌肉紧张；颈项部疼痛，发作时伴有头晕、胸闷、心慌、恶心、出冷汗等不适。目诊见双眼白睛（巩膜）12 点位置脊柱投射上段可见异常弯曲、着色较深的脉络，在血管末端有瘀血点，瞳孔上方偏向内侧有颈部"报伤点"。按、探诊在颈项部经筋区摸及通性筋结点。MRI-颈椎平扫检查报告提示：（1）C3～4 椎间盘突出，脊髓受压；C4～5、C5～6、C6～7 椎间盘膨出；（2）C4、C5 椎体许莫氏结节，C4、C5、C6 椎体终板炎（水肿型）。壮医处方：千年健 10 g，威灵仙（壤灵仙）10 g，荆芥（棵荆该）10 g，防风 10 g，防己 10 g，羌活 10 g，红花 10 g，当归藤（勾当归）10 g，羌活 10 g，伸筋草（棵烟银）10 g，凤仙透骨草 10 g，桂枝（能葵）10 g，花椒 5 g，路路通（芒柔）10 g，宽筋藤（勾丛）10 g，鸡血藤（勾勒给）10 g，海风藤（勾断）10 g。将上药研末备用，用时用黄酒调成糊状，随病情适量用药。让患者坐于床上显露颈部，确定患部，将药物敷于患部，上盖塑料薄膜，用红外线灯照射 30 min。

【疗程】每日 1 次，7 日为 1 个疗程，轻症患者 1～2 个疗程即可痊愈；症状严重者可考虑进行外科手术治疗。

【医嘱】

（1）掌握正确的身体姿势，注意颈项保暖及功能锻炼。

（2）在颈椎病发作期，应加强颈椎保护，在持久坐立、低头或驾驶车辆时，应使用颈部保护器，以协助稳定颈椎。

（3）若曾长期处于寒冷潮湿环境中，应及时用热水洗澡以祛除寒湿。

（二）夺核拖 / 骆核拖

夺核拖 / 骆核拖［ndokhwetdoz］（腰椎间盘突出症）是髓核突出压迫神经根或马尾神经而引起腰肢痛、腰部活动障碍等一系列症状的一类疾病，是腰椎间盘纤维环破裂所致。壮医认为，本病是患者劳累致经筋失养，横络盛加，筋结形成，阻滞龙路火路，使天地人三气不能同步，从而引起腰及下肢疼痛为主症的一类病证。

【病例】周某，女，77 岁，2021 年 7 月 21 日初诊。主诉反复腰痛 7 年，加重伴双下肢放射痛 2 个月。患者 7 年前反复出现腰背部及双侧臀部疼痛，活动受限，多次行口服消炎止痛药、外敷膏药等保守治疗，症状能缓解。2 个月前上述症状再次发作，至当地医院行口服消炎止痛药、外敷膏药等治疗，症状未见明显缓解，遂来就诊。现神清，表情痛苦，腰背部及双侧臀部疼痛，伴双下肢放射性痛麻，右侧重于左侧，活动受限，弯腰、行走时症状加重。腰椎 MRI 检查报告显示腰椎退行性改变，L4～5、L5～S1 椎间盘突出，L5～S1 水平两侧神经根受压；L3～4 终板炎（水肿型），L5～S1 终板炎（脂肪化型）。望诊见腰椎生理曲度变直，腰背部肌肉紧张；腰背部及双侧臀部疼痛，伴双下肢放射性痛麻，右侧重于左侧。目诊见双眼白睛（巩膜）12 点位置脊柱投射下段可见脉络细小、浅淡、色暗，在血管末端有瘀血点，瞳孔上方偏向内侧有腰部"报伤点"。按、探诊在腰部、双下肢经筋区摸及痛性筋结点。壮医处方：当归藤（勾当归）20 g，牛膝 20 g，牛大力（勾两抹）20 g，桑寄生（棵想）20 g，桂枝（能葵）20 g，鸡血藤（勾勒给）20 g，三七（棵点镇）7 g，黄花倒水莲（棵华现）20 g，宽筋藤（勾丛）20 g，伸筋草（棵烟银）20 g。将上药研末备用，用时用黄酒调成膏状，随病情适量用药。让患者俯卧于床上暴露腰背部，确定压痛点，将药物敷于患部，上盖塑料薄膜，用红外线灯照射 30 min。

【疗程】每日 1 次，7 日为 1 个疗程，轻症患者 2～3 个疗程即可痊愈；症状严重者可考虑进行外科手术治疗。

【医嘱】

（1）掌握正确的弯腰姿势，如扛、抬重物时要尽量腰部挺直、膝部屈曲，起身应以下肢用力为主，站稳后再迈步；搬、提重物时应取半蹲位，使物体尽量贴近身体，避免弯腰受损。

（2）加强劳动保护，在做扛、抬、搬、提等重体力活动时，应使用腰围保护，以协助稳定腰部脊柱，增强腹压及肌肉工作效能。

（3）若需长期处于寒冷潮湿环境中，应注意腰背部保暖。

（4）尽量避免弯腰一类强迫姿势性的工作持续时间过长。

（三）夺扼

夺扼［Ndokraek］（骨折）是指由于外力作用破坏了骨的完整性和连续性，以局部肿胀、畸形、异常活动及功能障碍为临床表现的一类病证。壮医学认为，本病源于暴力外伤，致局部筋骨离断，气血不通，阻滞"三道两路"，使天地人三气不能同步而致病。

【病例】冯某，男，53 岁，2021 年 8 月 21 日初诊。主诉外伤致右腕部肿痛伴活动受限 4 h。患者 4 h 前遇车祸受外伤导致右腕部肿胀、畸形，活动受限，遂来就诊。现神清，表情痛苦，右腕部肿胀疼痛、畸形，活动受限。右腕 X 光片检查报告显示右桡骨远端粉碎性骨折，周围软组织明显肿胀。望诊见右腕部疼痛，伴腕关节活动受限为主证。目诊见右眼白睛（巩膜）10 点位置血络增粗、曲折，并伴有瘀斑。甲诊见甲色正常，按压甲尖放开后，恢复原色正常。按、探诊右腕部明显压痛，局部肌紧张，可扪及痛性筋膜点。壮医处方：大黄、姜黄（兴现）、黄檗、厚朴（棵厚朴）、鸡血藤（勾勒给）、伸筋草（棵烟银）、五加皮、续断、骨碎补（兴盆）各 20 g。将上药研末备用，用时用饴糖调成膏状，随病情适量用药。让患者选择合适体位，暴露右腕部，把药膏摊于棉纸上，敷于患处，上盖塑料薄膜，再以夹板固定。

【疗程】每日 1 次，7 日为 1 个疗程，轻症患者 2 个疗程即可消肿。

【医嘱】

（1）先行手法复位，石膏外固定患肢，并注意患肢远端感觉、血液运输等情况。

（2）指导患者加强患肢功能锻炼，避免肌肉长期失用而萎缩。

（3）伤后48 h内应冰敷患部，48 h后可用药物热敷患部。

（四）林得叮相

林得叮相［Dengsieng］（跌打损伤）是骨科常见病、多发病。壮医认为，本病是外伤致局部筋骨肌肉损伤，脉络不利，阻滞"三道两路"，使天地人三气不能同步所致。

【病例】宋某，女，31岁，2019年5月28日初诊。主诉左踝关节肿痛伴活动受限3日。患者于3天前走路不慎导致左踝关节扭伤，出现左踝关节肿胀、疼痛，行走活动受限，曾自用云南白药喷雾剂进行治疗2日，效果不佳，为求系统治疗来诊。现左踝关节肿胀、疼痛，皮肤不变色，触患处肤温略高于正常。望诊见患者左踝部内侧肿胀。目诊见左眼白睛（巩膜）4点位置下肢投射下段可见异常弯曲、着色鲜、红活的脉络，在血管末端有瘀血点，瞳孔上方偏向内侧有左下肢"报伤点"。按、探诊见在左下肢经筋区摸及通性筋结点。壮医处方：大黄、姜黄（兴现）、黄檗、厚朴（棵厚朴）、鸡血藤（勾勒给）、伸筋草（棵烟银）、五加皮、红花、木香、乳香、没药各20 g。将上药研末备用。应用时取药粉适量，用生蜂蜜调成糊状，视伤情大小摊于绵纸上，敷于伤处（药膏面积比肿胀面积略大），用塑料薄膜覆盖，再用胶带固定。

【疗程】每日换药1次，一般用药3～5次。对于轻症患者，治疗3日后肿胀消失，疼痛明显减轻，1周后症状基本消失。症状较重者及缠绵不愈或因活动不利反复复发者，一直敷贴至症状消失。

【医嘱】

（1）早期避免负重功能锻炼。

（2）伤后48 h内不能热敷而要冷敷。

（3）肿胀严重者不要涂抹红花油，因为毛细血管破裂后，涂抹红花油会促使血液循环加快，使肿胀加重。

第三节　壮医药浴疗法

壮医药浴疗法是将壮药加水煮 30 min，煮沸后过滤，待药液温度降至 40～50 ℃时，用其来洗浴四肢关节，药液中的药物分子通过皮肤黏膜被人体吸收，进而舒张毛细血管，改善循环，调节机体局部免疫状态，抑制和减少生物活性物质的释放，从而达到防治疾病的目的。药浴疗法可以使皮肤受热均匀，腠理疏通，血管扩张，气血流畅，具有通龙路火路气机、清热毒、祛湿毒、消肿毒、通络止痛、杀虫止痒等功效。

一、作用机理

药浴疗法可以通过局部洗浴来治疗疾病，治病范围广泛。壮医认为，人体的内脏和体表组织器官是一个有机的整体，药浴液中的有效成分通过皮肤黏膜进入人体内，可调整脏腑功能，疏通"三道两路"。药浴用药与内服药一样，亦需遵循处方原则，辨病辨证选药，即根据不同患者的体质、发病时间、所处地域、病情特点等因素，选用不同的壮药。煎药和洗浴的具体方法也有讲究：将壮药粉碎后用纱布包好放入锅内，加适量清水浸泡 20 min，然后煮 30 min；或直接把壮药放在锅内加适量水煎煮。煮好后将药液倒进盆内，待药液温度降至 40～50 ℃时即可进行药浴治疗。

二、适应证

壮医药浴疗法适用于滚克（类风湿性关节炎）、那花（系统性红斑狼疮）、隆芡（痛风）、骆芡（骨性关节炎）、令扎（强直性脊柱炎）、本毕（银屑病关节炎）、本毫（干燥综合征）、诺芡（多发性肌炎）、囊花（皮肌炎）、囊坚（硬皮病）、那芡（纤维肌痛综合征）、麻邦（中风偏瘫）等。

三、部位选择

壮医药浴疗法适用于全身或者四肢关节、躯干等局部患处。

四、治疗方法

（1）药物。上山虎、红九牛、青九牛、血风藤（勾勒容）、大钻（勾钻洪）、九龙钻、麻骨钻、九节风、鸡血藤（勾勒给）、黑风藤、半枫荷、雀梅藤、接骨风、麻骨风、接骨木、飞龙掌血（温肖）、铁包金（勾吼耧）、透骨消各 30 g。

（2）煮提容器。不锈钢锅。

（3）煮提时间。一般煮沸后持续加热 20 ～ 30 min。滤取药液置于浴盆内，放至适宜温度。

（4）浴盆。特制专用木桶，深 60 ～ 80 cm，直径 75 ～ 80 cm。

（5）药液量。以使药液恰能淹没浴者肩头（取坐姿）为宜。

（6）洗浴温度。一般为 38 ～ 42 ℃，根据浴者耐受程度及季节变化提高或降低，以能让患者皮肤发红、全身发热、汗出为宜，温度不够时需添加热液。

（7）洗浴时间。一般为 15 ～ 30 min，时间太短不能发汗，药物不能通过皮肤黏膜而被吸收；时间太长易致患者脱水。

（8）洗浴方法。一边浸泡一边揉搓或按压全身或患部，促进血液循环，以利于药物吸收。

（9）疗程。每日药浴 1 次，7 日为 1 个疗程。急性病程者用 2 个疗程，慢性病程者用 4 个疗程。

五、药浴疗法的具体操作及要求

（一）治疗前病情评估

（1）了解患者治疗前的症状、临床表现、药物过敏史、心理状态。

（2）了解女性患者是否在月经期、妊娠期。

（3）评估患者对热度的耐受程度。

（4）对患者进行目诊。①阳证：勒答（眼睛）脉络粗大，呈深红色，曲张明显。②阴证：勒答（眼睛）脉络色淡，弯曲，边界混浊、散乱、模糊不清，末端有瘀点；上睛有雾斑或瘀斑。

（5）对患者进行甲诊。①阳证：甲色过深，呈鲜红色、深红色、红紫色或青紫色。②阴证：甲薄而脆，色淡或苍白，甚至易断裂，按压甲尖放开后恢复原色较慢。

（6）评估患者进行药浴治疗部位的皮肤情况，判断治疗环境是否符合保护患者隐私及保暖的要求。

（二）治疗前用物准备

进行药浴治疗前，必须在药浴室内准备好浴缸、椅子、治疗车/治疗盘、阳证或阴证的壮药液或壮药包、一次性塑料薄膜袋、温度计、浴巾1条、毛巾2条、病人服1套、拖鞋1双、手电筒、温开水、钟表、治疗单、手部消毒液、医疗垃圾桶等。检查浴室排气装置、供暖装置、供水装置等。

（三）药浴治疗操作流程

1.操作前

（1）洗手，戴口罩、医用帽。

（2）核对患者姓名、床号、年龄等信息，指引患者至药浴室。

（3）打开药浴室排气系统，调节药浴室内温度至28℃左右，将一次性塑料薄膜袋套入浴缸，往缸中加入40～50℃温水至1/2处，将壮药液或壮药包放入浴缸，测量药液温度，以37～42℃为宜。

2.操作中

（1）入浴。协助患者褪去衣物，进入浴缸中，取坐位或舒适体位。

（2）泡浴。水位以达患者胸部以下为宜。指导患者用毛巾不断沾药液淋洗上半身。泡浴约5 min后根据患者的耐受程度调节药液温度，以达到最佳效果。泡浴时间为15～30 min，以患者头面微出汗、全身皮肤微红为宜，应指导患者及时擦汗并适当饮用温水。

（3）施浴。阴证患者可用壮药包加热后烫熨其颈后及肩背部5 min，泡浴过程中注意补充姜糖水或温开水；阳证患者可用壮药包轻轻摩擦全身，泡浴5 min后坐立2 min，如此循环3～5次，泡浴过程中注意补充淡盐水或温开水。

（4）泡浴过程中医护人员应该注意观察药液温度，以患者微出汗、耐受为宜；注意观察患者面色、脉搏、心率、呼吸及局部皮肤情况，询问患者泡浴的感觉，避免患者虚脱。

3.操作后

（1）起浴。指导患者清洁、擦干全身皮肤，协助患者穿衣。

（2）指导患者泡浴后的注意事项、饮食等。

（3）再次核对患者信息，收拾医疗垃圾并整理治疗用物。

（4）洗手，记录治疗信息。

六、注意事项

（1）药浴后要注意及时补充体液，避免感受风寒。

（2）药浴后 24 h 不能洗澡，应及时更衣保暖。《老老恒言》说："浴后当风，腠理开，风易感，感而即发，仅在皮毛，则为寒热；积久入里，患甚大，故风本宜避，浴后尤宜避。"

（3）药浴过程中应及时补充水分，药浴时和出浴后应喝温开水 200 ～ 300 ml。

（4）儿童、老人及心、肺、脑等病患者不宜单独进行药浴，应有家属助浴，且洗浴时间不宜过长。

（5）餐前餐后 30 min 内不宜药浴。空腹状态下进行药浴，容易发生低血糖，进而虚脱昏倒。用餐后饱腹状态下进行药浴，全身体表血管会被热水刺激而扩张，胃肠等内脏的血液都会被动员而分散到身体表层，使胃肠道的血量供应减少，同时降低胃酸分泌，并使消化器官功能下降，从而影响食物的消化吸收。

七、禁忌证

（1）患严重高血压及冠状动脉粥样硬化、心肌梗死、心衰、心功能不全、心律失常等心脏病者忌用此疗法。

（2）孕妇及月经期妇女忌用此疗法。

（3）有严重皮肤感染或大面积皮肤创口者忌用此疗法。

（4）血液系统疾病患者忌用此疗法。

（5）精神病、癫痫发作期患者忌用此疗法。

（6）发热、体温超过 38.5 ℃患者忌用此疗法。

（7）有严重哮喘病史或肺功能不全者忌用此疗法。

八、药浴疗法的临床应用

（一）滚克

滚克［Ndokgut］（类风湿性关节炎）是一种病因未明的慢性、全身性、炎症性疾病。以对称性、进行性和破坏性关节病变为主要特征。临床表现主要包括多关节痛、晨僵、关节肿胀、特殊关节病理性损害、关节功能障碍，并有关节外身体损害。壮医认为，本病缘于患者不慎感受风毒、湿毒、热毒，阻滞"三道两路"，使天地人三气不能同步而发。

【病例】韦某，女，45 岁，2021 年 8 月 10 日初诊。主诉反复四肢多关节肿痛超过 26 年，加重 20 天。患者 1995 年以双膝及右侧第四、第五指近端指间关节肿痛为首发症状，未处理，逐渐出现右侧第四、第五指变形；20 天前出现双膝关节肿痛，逐渐累及双肩、双腕、双足背、双手掌指关节、双手近端指间关节、双踝关节，并出现双手指关节变形，伴晨僵大于 1 h，遂来就诊。望诊见巧坞（大脑）常，勒答（眼睛）上白睛（巩膜）龙脉脉络弯曲、红活，甲色深红，月痕暴露过多，舌质暗红，苔黄腻，脉弦。按、探诊见四肢多关节肿胀，触之灼热，按之疼痛。查双手正侧位片，见双手类风湿性关节炎改变，并右手第四、第五及左手第五指近端指间关节关系畸形。壮医处方：上山虎、红九牛、青九牛、血风藤（勾勒容）、大钻（勾钻洪）、九龙钻、麻骨钻、九节风、鸡血藤（勾勒给）、黑风藤、半枫荷、雀梅藤、接骨风、麻骨风、接骨木、飞龙掌血（温肖）、铁包金（勾吼耨）、透骨香各 30 g。将上药放入药锅，煮沸后持续加热 20 ～ 30 min。滤取药液置于浴盆内，放至适宜温度；指导患者褪去衣物，进入浴缸中，取坐位或舒适体位，用毛巾不断沾药液淋洗上半身。泡浴约 5 min 后根据患者耐受程度调节药液温度。

【疗程】泡浴时间为 15 ～ 30 min，每日 1 次，7 日为 1 个疗程。

【医嘱】

（1）掌握正确的身体姿势，注意保暖及功能锻炼。

（2）药浴后及时清洁、擦干全身皮肤。

（3）药浴后要注意及时补充体液，避免感受风寒。

（4）药浴后 24 h 内不能洗澡，及时更衣保暖。

（二）活邀尹

【病例】黄某，男，39 岁，2021 年 8 月 9 日初诊。主诉颈部疼痛伴右上肢放射性痛麻 8 天。患者 8 天前晨起后发现颈部疼痛、活动稍受限，伴右上肢放射性痛麻，夜间较重，遂来就诊。望诊见颈部及右上肢放射性痛麻，颈椎生理曲度存在，颈部前屈后伸活动度受限。目诊见右眼白睛（巩膜）12 点位置近瞳处有一条着色较鲜红、浅淡，弯曲的脉络，在血管末端有瘀血点，瞳孔上方偏向内侧有颈部"报伤点"。按、探诊在颈项部经筋区摸及通性筋结点。MRI- 颈椎平扫检查报告提示颈椎退行性骨关节病，C4 椎体失稳，C4 ～ 5 椎间盘膨出、突出，颈椎骨质增生。壮医处方：伸筋草（棵烟银）、五加皮、制乳香、制没药、秦艽、当归、红花、土鳖虫（堵兜老）、路路通（芒柔）、骨碎补（兴盆）、桑枝、桂枝（能葵）、川乌各 30 g。将上药放入药锅，煮沸后持续加热 20～30 min。滤取药液置于浴盆内，放至适宜温度；指导患者褪去衣物，进入浴缸中，取坐位或半卧位等舒适体位，用毛巾不断沾药液淋洗上半身。泡浴约 5 min 后根据患者耐受程度调节药液温度。

【疗程】泡浴时间为 15～30 min，每日 1 次，7 日为 1 个疗程。

【医嘱】

（1）掌握正确的身体姿势，注意颈项保暖及功能锻炼。

（2）在颈椎病发作期，应加强颈椎保护，在持久坐立、低头或驾驶车辆时，应使用颈托保护器，以协助稳定颈椎。

（3）若曾长期处于寒冷潮湿环境中，应及时洗热水澡以祛除寒湿。

（4）药浴后要注意及时补充体液，避免感受风寒。

（5）药浴后 24 h 内不能洗澡，及时更衣保暖。

（三）夺核拖 / 骆核拖

【病例】白某，女，32 岁，2021 年 7 月 7 日初诊。主诉反复腰痛 3 年，再发伴右下肢痛麻 2 周。患者近 3 年来反复腰骶部疼痛，发作时行推拿或外敷膏药后能缓解，症状反复发作。2 周前无明显诱因下腰骶部疼痛再次发作，并伴随有右侧臀部、右大腿外侧放射性痛麻，弯腰、咳嗽时加重，故来就诊。腰椎 MRI 检查报告提示 L4～5、L5～S1 椎间盘变性并突出（中央型、右旁中央型），L5～S1 水平右侧神经根受压。望见腰椎生理曲度存在，腰背部肌肉紧张；腰骶疼痛，右下肢反射性痛麻，咳嗽、打喷嚏时疼痛加重。目诊见双眼白睛（巩膜）12 点位置脊柱投射下段有异常弯曲、着色较深的脉络，在血管末端有瘀血点，瞳孔上方偏向内侧有腰部"报伤点"，瘀血点也多近瞳孔。按、探诊在腰部、右下肢经筋区摸及通性筋结点。壮医处方：桃仁、红花、乳香、没药、五倍子（砸碎）、黑豆各 100 g，赤芍、甘草各 75 g，白酒 200 ml。上药每剂加水 3000 ml，煎熬浓缩至1500 ml，加入白酒，滤取药液置于浴盆内，兑入温水至适宜水量及适宜温度；指导患者褪去衣物，进入浴缸中，取坐位或舒适体位，用毛巾不断沾药液擦洗腰背部。泡浴约 5 min 后根据患者的耐受程度调节药液温度。

【疗程】泡浴时间为 15 ～ 30 min，每日 1 次，10 日为 1 个疗程。

【医嘱】

（1）掌握正确的身体姿势，注意腰背部保暖及功能锻炼。

（2）若曾长期处于寒冷潮湿环境中，应及时洗热水澡以祛除寒湿。

（3）药浴后要注意及时补充体液，避免感受风寒。

（4）药浴后 24 h 内不能洗澡，及时更衣保暖。

（四）林得叮相

【病例】卢某，男，25 岁，2021 年 7 月 27 日初诊。主诉扭伤致右踝部肿痛伴活动受限 5 天。患者于 5 天前抬重物时不慎扭伤，致右踝部内侧肿胀疼痛，关节活动受限，故来就诊。望诊见患者右踝部内侧肿胀。目诊见右眼白睛（巩膜）8 点位置脊柱投射下段有异常弯曲、着色鲜、红活的脉络，在血管末端有瘀血点，瞳孔上方偏向内侧有右下肢 "报伤点"。按、探诊在右下肢经筋区摸及通性筋结点。壮医处方：伸筋草（棵烟银）、海桐皮、秦艽、独活、当归、钩藤各 100 g，乳香、没药、川红花各 50 g。上药加水煎煮，去渣后温洗患处。

【疗程】每日 1 ～ 2 次，每次 20 min。5 ～ 7 日为 1 个疗程。

【医嘱】

（1）掌握正确的身体姿势，注意患部保暖及功能锻炼。

（2）若曾长期处于寒冷潮湿环境中，应及时洗热水澡以祛除寒湿。

（3）药浴后要注意及时补充体液，避免感受风寒。

（4）药浴后 24 h 内不能洗澡，及时更衣保暖。

第四节 壮医药熨疗法

壮医药熨疗法是在壮医药基础理论指导下，将相关壮药加热后，置于患者体表特定部位，进行熨烫或往复移动，借助药力和热力以治疗疾病的一种外治疗法。药熨疗法具有祛风毒、除湿毒、化瘀毒、散寒毒、消肿痛、通调龙路火路气机、调节天地人三气同步平衡等功效。

一、作用机理

壮医基础理论认为，疾病的产生主要是痧、瘴、毒、风、湿邪侵犯机体，导致人体"三道两路"受阻，天地人三气不能同步，从而出现人体脏腑气血失调。药熨治疗主要是通过壮药热熨患部体表，由皮肤黏膜将药力、热力导入机体内，以温通龙路火路，散寒驱邪，理气活血，通调三道两路，调节天地人三气平衡，使人体脏腑功能恢复，从而达到治病功效。

二、药熨包的常用组方及其适应证

（1）走马风、大力王、石南藤、千斤拔、香茅（棵查哈）、艾叶（盟埃）、穿破石、宽筋藤（勾丛）各50 g。将上药磨成药粉，装入小布袋，加冷水2 L浸泡15 min后煮沸，再改文火煮15 min，随后将小布袋取出并拧干，用毛巾包裹，烫熨患处。针对老年患者的温度应控制在50 ℃以下，以患部温热潮红、稍有汗出为度，时间为30 min。主要用于治疗颈肩腰腿痛、老年性关节病、关节僵硬等。

（2）柑果叶、大罗伞、小罗伞、两面针、泽兰、香茅（棵查哈）、曼陀罗（闷打拉）、大风艾、五色花、土荆芥、土藿香、七叶莲、柚子叶各适量，米酒适量。取上药1～5种或全部，切细，捣烂，加酒炒热后用布包好，烫熨患处。主要用于治疗风湿病、陈旧性伤口痛、京尹（痛经）等。

（3）干姜、桂枝（能葵）、川乌、生附子、乳香、没药、姜黄（兴现）、川芎、赤芍、海桐皮、金银花藤各适量。将上药打碎炒热，取出降温至40～50 ℃，装袋，热熨患处。用于治疗发旺（风湿性关节炎）、滚克（类风湿性关节炎）、坐骨神经痛等风寒湿痹类病证。

（4）苏木（棵苏木）、香附、桃仁各适量，黄酒少许。将上药炒热后热熨脐下疼痛处。主要用于治疗腹痛。

（5）麻黄、干姜各12 g，甘草60 g，胆南星30 g，白附子、防风、川乌、川芎、天麻、白芷、木香各15 g，蝉蜕、全蝎、僵蚕各21枚，麝香3 g，牛黄、冰片各6 g，朱砂、雄黄各24 g。将上药研为细末，前14味药煎取浓汁，加蜂蜜做成药膏，再入后5味药，和捏成药锭子。临用时将药锭子蘸少量淡姜汤，温熨小儿前胸、后背，对小儿急惊风、风病诸症均有良效。

（6）野菊花（华库农）、蒲公英（棵凛给）、紫花地丁、金银花各等份，白酒适量。将上药炒热后装入药袋，热熨患处，每日2次，每次30 min。主治痈肿、疮疡初起，局部肿胀红热未成脓等症。

（7）蓖麻子 100 g，五倍子 20 g。将上药捣烂炒热，旋熨头顶百会穴处，并从尾骶处向上熨。主治小儿尊寸（脱肛）。

三、部位选择

壮医药熨疗法适用于四肢关节、躯干等部位。

四、治疗方法

方法一：将药物炒热，以布包裹趁热直接熨于患处。

方法二：将药物蒸煮后热熨治疗部位。

方法三：将药物制成药膏，用时略加烘烤，趁热将药膏敷于治疗部位。

方法四：将药袋、药饼、药膏等熨剂置于患处或治疗部位，盖以厚布，再取熨斗、热水袋、水壶等热烫器具加以烫熨，以患者能忍受而不灼伤皮肤为度。

五、具体操作

（一）治疗前病情评估

（1）了解患者治疗前的症状、临床表现、药物过敏史、心理状态。

（2）了解女性患者是否在月经期、妊娠期。

（3）评估患者对热度的耐受程度。

（4）对患者进行目诊。①阳证：勒答（眼睛）脉络粗大，呈深红色，曲张明显。②阴证：勒答（眼睛）脉络色淡，弯曲，边界混浊、散乱、模糊不清，末端有瘀点；上睛有雾斑或瘀斑。

（5）对患者进行甲诊。①阳证：甲色过深，呈鲜红色、深红色、红紫色或青紫色。②阴证：甲质薄脆，色淡或苍白，甚至易断裂，按压甲尖放开后恢复原色较慢。

（6）评估患者进行药熨治疗部位的皮肤情况，阳证患者需排除疼痛部位红肿发热情况。

（7）判断治疗环境是否符合保护患者隐私及保暖的要求。

（二）治疗前用物准备

进行药熨治疗前，必须在操作房间准备好治疗车/治疗盘、药熨包、一次性垫巾、大毛巾、纱布、治疗单、手电筒、微波炉、手部消毒液、医疗垃圾桶等。

（三）药熨治疗操作流程

1. 操作前

（1）洗手，戴口罩、医用帽。

（2）携带治疗用物至患者床边，核对患者姓名、床号、年龄、治疗部位等信息。

（3）指导患者取合适体位，垫好治疗巾，暴露治疗部位。

（4）清洁治疗部位皮肤。

2. 操作中

（1）再次核对药熨药物及患者治疗部位。

（2）理筋。在患者治疗部位先行 5 ～ 10 min 理筋手法，阳证手法较重，以患者耐受为度；阴证手法稍轻，以患者舒适为度（图 7-4-1）。

图 7-4-1　治疗前的松解手法

（3）调试药熨包温度（温度以 40 ～ 60 ℃为宜）。

（4）使用悬熨、点熨、按熨、揉熨、敷熨等方式进行药熨筋结。辨证施熨：对阳证患者手法宜轻，药熨包温度以 40 ～ 50 ℃为宜；对阴证患者手法宜重，药熨包温度宜高，以 50 ～ 60 ℃为宜（图 7-4-2）。

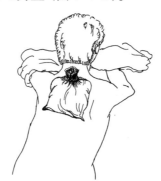

图 7-4-2　腰背部药熨治疗

（5）药熨过程中随时了解患者主诉并注意观察药熨局部皮肤情况，防止烫伤患者；注意询问患者感受，如患者出现恶心、心悸、皮肤瘙痒等情况，应立即停止治疗（图7-4-3）。

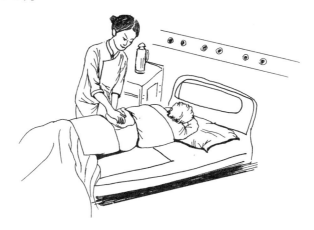

图7-4-3　腰部药熨治疗

3. 操作后

（1）熨毕，取下药熨包，清洁患者治疗部位，整理患者体位，询问患者治疗感受。

（2）指导患者注意事项：皮肤微红为药熨后正常现象，如出现疼痛、水疱要及时告知医护人员予以处理；治疗后4～6 h内不宜洗澡，注意保暖。

（3）再次核对患者信息，收拾医疗垃圾并整理治疗用物。

（4）洗手，记录治疗信息。

六、注意事项

（1）使用此疗法时，应特别注意熨剂的温度不能过高，以免烫伤患者皮肤。

（2）药熨包外布袋用后需要清洗消毒，避免交叉感染。

（3）在患者腹部行药熨时手法宜轻。

（4）对于老年人、幼儿及对热度不敏感患者，药熨温度不宜超过50 ℃。

七、禁忌证

（1）患热性病或感染发热者慎用。

（2）合并有严重高血压，心脑血管、肝、肾和造血系统等严重危及生命的原发性疾病患者禁用。

（3）精神病患者禁用。

（4）身体极度虚弱及有出血倾向者禁用。

（5）局部皮肤有溃疡者禁用。

（6）妊娠妇女禁用。

（7）糖尿病患者慎用。

此外，对于在药熨过程中因温度过高使局部皮肤出现小水疱的情况，可不必处理；若水疱较大，应消毒皮肤后用注射器吸出液体，再次消毒后覆盖无菌敷料。

八、药熨疗法的临床应用案例

（一）活邀尹

【病例】陈某，男，83岁，2020年3月9日初诊。主诉颈及左上肢痛麻伴活动受限2年，加重1个月。患者2年前出现颈项部、左肩胛部疼痛，左上肢痛麻，左上肢活动受限，无乏力感。曾至外院就诊，予颈椎牵引、口服药物治疗（具体不详），治疗后未见明显缓解，症状呈缓慢加重趋势；1个月前，患者上述症状明显加重，遂来就诊。望诊见颈椎生理曲度反弓，颈项部肌肉紧张；颈项部及左肩胛部疼痛，左上肢痛麻，左上肢活动受限。目诊见双眼白睛（巩膜）12点位置脊柱投射上段有异常弯曲、着色较深的脉络，在血管末端有瘀血点，瞳孔上方偏向内侧有颈部"报伤点"。按、探诊在颈项部经筋区摸及通性筋结点。MRI–颈椎平扫检查报告提示颈椎退行性改变，生理曲度轻度反弓，C4～5、C5～6、C6～7椎间盘中央型突出。壮医处方：走马风、大力王、石南藤、千斤拔、香茅（棵查哈）、艾叶（盟埃）、穿破石、宽筋藤（勾丛）各50 g。将上药以纱布袋盛装，再用开水浸透后稍加拧挤备用（第二次使用时则用锅蒸）。取患者坐位，暴露颈部，确定治疗部位，将药袋敷于患部，药袋上用胶皮热水袋盛开水保温（图7-4-4）。

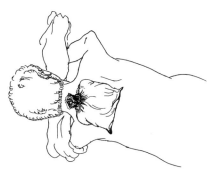

图 7-4-4 颈肩部药熨治疗

【疗程】每日 1 次，7 日为 1 个疗程。轻症患者 1 ～ 2 个疗程即可痊愈；症状严重者可考虑进行外科手术治疗。

【医嘱】

（1）掌握正确的身体姿势，注意颈项保暖及功能锻炼。

（2）在颈椎病发作期，应加强颈椎保护，在长期坐立、低头或驾驶车辆时，应使用颈托保护器，以协助稳定颈椎。

（3）若曾长期处于寒冷潮湿环境中，应及时洗热水澡以祛除寒湿。

（二）夺核拖 / 骆核拖

【病例】玉某，女，49 岁，2021 年 7 月 21 日初诊。主诉腰及右下肢疼痛 10 年，再发加重 6 h。患者近 10 年来反复出现腰背部及右臀部疼痛，并伴随有右下肢外侧反射性疼痛，弯腰、行走、咳嗽时症状明显；多次在当地医院行保守治疗，症状能缓解。2021 年 6 月初，患者再次出现腰及右臀部疼痛，遂来就诊。现神清，表情痛苦，腰骶部、右臀部及右下肢放射性疼痛，活动受限，弯腰、行走、咳嗽时症状明显。查腰椎 MRI 报告提示腰椎退行性改变，L5 ～ S1 椎间盘膨出并突出（正后下方），S1 ～ 2、S2 ～ 3 右侧神经根鞘囊肿。望诊见腰椎生理曲度存在，腰背部肌肉紧张；腰骶部、右臀部及右下肢放射性疼痛，活动受限，弯腰、行走、咳嗽时症状明显。目诊见双眼白睛（巩膜）12 点位置脊柱投射下段有异常弯曲、着色较深的脉络，在血管末端有瘀血点，瞳孔上方偏向内侧有腰部"报伤点"。按、探诊在腰部、右下肢经筋区摸及通性筋结点。壮医处方：当归藤（勾当归）20 g、牛膝 20 g、牛大力（勾两抹）20 g、苏木（棵苏木）20 g、桂枝（能葵）20 g、鸡血藤（勾勒给）20 g、三七（棵点镇）7 g、黄花倒水莲（棵华现）20 g、宽筋藤（勾丛）20 g、伸筋草（棵烟银）20 g、透骨草 20 g。将上药混合均匀装入 15 cm×20 cm 的布袋内，扎紧袋口后放入锅中，加适量清水煮沸数分钟后置于电炉上保温备用。令患者取俯卧位，充分暴露患处，上铺单层治疗巾。将第一条大毛巾置于锅内药液中充分浸湿后，取出拧干叠成长方形敷在患处治疗巾上，然后将第二条大毛巾用同样的方法加敷在第一条大毛巾上，待第一条毛巾热度降低时将较热的第二条毛巾换至下方。如此反复，持续 10 min，至局部皮肤发红为止。在热敷的同时，医者可用掌心在患者患处进行拍打（图 7-4-5）。

图 7-4-5　腰背部热敷治疗配合拍打手法

【疗程】每日 1 次，7 日为 1 个疗程。轻症患者 2～3 个疗程即可痊愈；症状严重者应及时进行外科手术治疗。

【医嘱】

（1）掌握正确的弯腰姿势，如扛、抬重物时要尽量腰部挺直，膝部屈曲，起身应以下肢用力为主，站稳后再迈步；搬、提重物时应取半蹲位，使物体尽量贴近身体，避免弯腰受损。

（2）加强劳动保护，在做扛、抬、搬、提等重体力活动时，应使用腰围保护，以协助稳定腰部脊柱，增强腹压及肌肉工作效能。

（3）若需长期处于寒冷潮湿环境中，应注意腰背部保暖。

（4）尽量避免弯腰一类强迫姿势性的工作持续时间过长。

（三）发旺

发旺〔fatvuengz〕（风湿性关节炎）是一种病因未明的慢性、全身性、炎症性疾病。以对称性、进行性和破坏性关节病变为主要特征。临床表现主要有多关节痛、晨僵、关节肿胀、特殊关节病理性损害、关节功能障碍等，并有关节外身体损害。壮医认为，本病是患者身体虚弱，邪毒（风毒、湿毒、寒毒、痧毒等）乘虚而入，阻滞龙路火路，使天地人三气不能同步，风寒湿毒客于肢体关节，气血运行不畅所致。

【病例】黄某，女，50岁，2020年7月13日初诊。主诉反复双足踝肿痛4月余，加重3天。患者于4个月前无明显诱因发现双足踝肿痛，伴双膝关节少许疼痛，无明显活动受限，无间歇性跛行，未经系统治疗；3天前双足踝肿痛明显，伴活动受限，站立疼痛加重，无法行走，为求系统治疗来诊。现双足踝关节肿痛明显，活动受限，站立疼痛加重，行走困难。望诊见患者双侧足踝肿胀，可见对称性肿胀，双踝关节内外踝压痛，活动受限。目诊见双眼白睛（巩膜）下肢投射下段有异常弯曲、着色鲜、红活的脉络，在血管末端有瘀血点，瞳孔上方偏向内侧有下肢"报伤点"。按、探诊在双侧下肢经筋区摸及通性筋结点。壮医处方：干姜、桂枝（能葵）、川乌、生附子、乳香、没药、姜黄（兴现）、川芎、赤芍、海桐皮、金银花藤各适量。将上药混合均匀装入15 cm×20 cm的布袋内，扎紧袋口后放入锅中，加适量清水煮沸数分钟后置于电炉上保温备用。令患者取仰卧位，充分暴露患处，上铺单层治疗巾。将第一条大毛巾置于锅内药液中充分浸湿后，取出拧干叠成长方形敷在患处治疗巾上，然后将第二条大毛巾用同样的方法加敷在第一条大毛巾上，待第一条毛巾热度降低时将较热的第二条毛巾换至下方。如此反复，持续10 min，至局部皮肤发红为止。在热敷的同时，医者可用掌心在患者患处进行拍打。

【疗程】每日1次，7日为1个疗程；2～3个疗程症状可缓解。

【医嘱】

（1）掌握正确的身体姿势，注意患部保暖及功能锻炼。

（2）在风湿性关节炎发作期，应加强患部保护，减轻负重功能锻炼。

（3）若曾长期处于寒冷潮湿环境中，应及时洗热水澡以祛除寒湿。

第五节　壮医熏蒸疗法

壮医熏蒸疗法又叫蒸汽疗法、汽浴疗法，是利用药物煮沸后产生的蒸汽来熏蒸肌肤，以达到治疗疾病目的的一种治疗方法。

一、适应证

壮医熏蒸疗法适用于治疗风、寒、湿三邪所致病证以及气虚下陷、气血瘀滞、湿阻脉络等病证，还可用于养生保健，治疗滚克（类风湿性关节炎）、令扎（强直性脊柱炎）、肥胖症等。

二、部位选择

可分为全身蒸疗和局部蒸疗。

三、治疗方案

（1）用物准备。智能型中药熏蒸汽自控治疗仪1台、治疗杯1个、毛巾1～2条、治疗桶、一次性医用中单，必要时还需屏风。

（2）操作方法。

①将治疗仪的容器盖按逆时针方向拧开。

②加入中药制剂（中药制剂和水的比例为1∶1～1∶3），药液总量不超过900 ml，将排液管放在杯里或盘里。

③将容器盖按顺时针方向拧紧，按下面板右下角蘑菇形开关，同时按下K2键，工作指示灯和左上角10只发光管亮起，几分钟后喷气口喷出蒸汽。

④将喷气口对准患者患部进行治疗，喷气口与皮肤之间的最佳距离为25～30 cm。蒸疗时间为20～30 min，听到警示音表明治疗时间结束。

四、注意事项

（1）局部蒸疗或使用蒸汽发生器进行穴位喷蒸时，注意调好蒸汽与患处的距离，防止烫伤患者皮肤。对于急性眼炎、痔、直肠及子宫脱垂等黏膜外露病变的蒸疗，蒸汽温度不宜过热，蒸疗时间不宜过长，注意防止黏膜水肿、出血。

（2）在蒸疗过程中，医护人员要认真负责，每隔10～15 min看望患者1次，发现意外及时救护。

五、禁忌证

重症高血压、结核病、重症贫血、大失血、急腹症、心脏病、重症精神病患者及孕妇禁用此疗法。

第六节 壮医泡浴疗法

壮医泡浴疗法是用特制的壮药包经煮沸后制成泡浴原液，再加入适量的温水浸泡全身或足部，以达到温经散寒、理气通络、祛风除湿、消炎杀菌、镇痛行气、活血化瘀、补元暖宫的目的，从而治疗疾病的一种方法。

一、作用机理

壮医泡浴疗法对防治疾病具有独到功效，其作用机理是使药物作用于全身肌表，经皮肤吸收，循行经络血脉，内达脏腑，由表及里，起到疏通经络、活血化瘀、祛风散寒、清热解毒、消肿止痛、调整阴阳、协调脏腑、通行气血、濡养全身等功效。因药物不经胃肠破坏，直接作用于皮肤，并通过皮肤吸收进入血液，故具有比内服药见效更快、体验更好、毒副作用更小的优点。

现代药理证实，壮医泡浴疗法能提高血液中某些免疫球蛋白的含量。泡浴液中的壮药以离子形式通过皮肤黏膜的吸收、扩散等途径进入体内，避免了肝脏首过效应，同时湿热刺激可引起局部的血管扩张，促进局部和周身的血液循环和淋巴循环，使新陈代谢旺盛，局部组织营养和全身机能得以改善，从而使疾病痊愈。

二、适应证

（1）皮肤病、小儿高热麻疹不透。

（2）手足麻木、手脚冰冷。

（3）风湿病、滚克（类风湿性关节炎）、令扎（强直性脊柱炎）。

（4）新生儿黄疸。

（5）痛经、月经不调、崩漏。

（6）带下病、阴道炎。

（7）妇女宫寒、腰胀。

（8）盆腔炎性疾病。

（9）产后身痛。

三、部位选择

（1）全身泡浴：仅头颈部暴露于水面上的全身泡浴。

（2）局部泡浴：足部泡浴。

四、治疗方法

（1）用物准备：浴缸或浴盆、一次性薄膜隔水垫巾、冷热供水设备、取暖器或空调、药包布袋、浴巾、屏风或隔帘、休息床。

（2）治疗体位。

①半卧位：适用于全身泡浴。

②坐位：适用于足部泡浴。

（3）操作步骤。

①泡浴药液制备。往药包布袋内装入配好的壮药，用适量水煮沸后持续加热 25～30 min，反复挤压药包出汁，制成泡浴药液。

②泡浴药液准备。根据泡浴部位选择泡浴用水，全身泡浴需用温开水（45 ℃左右）适量（以浸没躯干部及四肢为宜），加入泡浴药液，待温度适宜即可进行泡浴；足部泡浴则可用热水适量加入泡浴药液，待温度适宜即可进行泡浴。

③嘱患者泡浴前洗净双脚及双手，泡浴时间以 20 min 为宜。

④全身泡浴结束后用温水冲洗全身，再用浴巾擦干，穿好衣服；足部泡浴后则擦干双脚即可。

五、注意事项

（1）泡浴时，注意询问患者有无头晕、眼花、心悸、胸闷、呼吸困难等不适，并观察其面部颜色有无改变，以防患者发生晕厥。

（2）泡浴周期以隔日泡 1 次为宜，至少泡 3 次，如遇特殊情况（如时间无法安排），也可连续泡浴。

六、禁忌证

（1）全身或局部皮肤病变及皮肤破溃、外伤患者禁用此疗法。

（2）年老体弱者禁用此疗法。

（3）严重心脏病患者禁用此疗法。

（4）月经期或阴道有活动性出血者禁全身泡浴。

（5）急性传染病患者禁用此疗法。

参考文献

［1］黄正干．应用壮医针刺疗法配合壮药熏蒸疗法治疗82例活邀尹（颈椎病）的临床疗效观察［J］．中国民族民间医药，2011，20（22）：1-2.

［2］蒋桂江，李凤珍，龙朝阳，等．壮医敷贴疗法文献记载及应用概况［J］．中国民族医药杂志，2016，22（3）：36-37.

［3］蒋桂江，龙朝阳，李凤珍，等．壮医敷贴疗法治疗膝骨关节炎临床观察［J］．中国民族医药杂志，2019，25（10）：18-19.

［4］李凤珍，钟丽雁，龙朝阳，等．壮医药浴疗法治疗活动期类风湿关节炎的临床研究［J］．中医外治杂志，2019，28（2）：3-5.

［5］史明，张文捷，刘明伟，等．壮医药熨结合壮医拉筋松解术治疗膝关节术后早期关节僵硬的临床疗效［J］．中国民族医药杂志，2019，25（11）：20-22.

［6］史明，张文捷，许仕龙，等．壮医拉筋松解术配合壮医药熨治疗膝关节僵硬的临床研究［J］．中国医药科学，2020，10（15）：223-225.

第八章 壮医针法

第一节 壮医针刺疗法

壮医针刺疗法是在壮医理论和壮医临床思维方法的指导下，运用针具刺人体某些穴位或部位，以通调气血、畅通"三道两路"、调节脏腑功能，从而治疗相关疾病的一种方法。

一、主要功效

壮医针刺疗法主要有解毒解热、通调"三道两路"、解郁止痛、活血养血、收结消肿、减压安神、扶正补虚、调整气血均衡、激发并增强人体自愈力等功效。

二、适应证

（1）壮医针刺疗法的适用范围非常广泛，可适用于内科、外科、妇产科、儿科、皮肤科、男科、眼科、口腔科、耳鼻喉科等的临床常见病、多发病及疑难杂症。

（2）常见适应证主要有咔吒（痹症）、发旺（风湿性关节炎）、麻抹（肢体麻木）、奔墨（气喘）、奔鹿（呕吐）、腊胴尹（腹痛）、核尹（腰痛）、年闹诺（失眠）、嗦佛（肿块）、嗦尹（疼痛）、能啥能累（瘙痒、湿疹）、麦蛮（风疹）、巧尹（头痛）等。

三、禁忌证

（1）孕妇禁用或慎用，孕期禁刺手十甲穴等具有通龙路火路作用的穴位。

（2）小儿囟门未闭合时，其头顶部的穴位不宜针刺。

（3）皮肤上有感染、溃疡、疤痕或肿瘤的部位不宜针刺。有出血倾向或伤后出血不止者不宜针刺。

（4）针刺心、肺、肝、肾、肠、膀胱等重要脏器所居之处的穴位时不宜深刺，要严格掌握进针的深度、角度，以免发生医疗事故。

（5）针刺眼区、项部及脊椎部穴位时，要注意掌握进针的深度和角度，避免损伤患者重要组织器官和脊髓。

（6）患者情绪紧张、无法配合治疗或饥饿、疲劳时应先采取相应措施解决，不应强制施行针刺治疗。

四、操作前准备

（一）治疗环境准备

治疗室保持整洁，空气新鲜，光线充足，室内温度保持在 22 ～ 25 ℃，注意让患者保暖。

（二）用物准备

治疗盘（垫治疗巾）、各种型号的一次性毫针（管针）、复合碘皮肤消毒液、棉签、弯盘、大浴巾、脉枕、一次性利器盒。

需要注意的是，应根据患者的性别、年龄、体形、体质、病情、所选穴位等选取长短粗细适宜的针具。《黄帝内经·灵枢·官针》中指出："九针之宜，各有所为，长短大小，各有所施也。"对于体壮、形胖且病位较深的男性患者，可选取稍粗、稍长的毫针，如直径 0.3 mm 以上，长度为 2 ～ 3 寸（1 寸 ≈ 3.33 cm）的针具；对于体弱、形瘦且病位较浅的女性患者，则应选用较短、较细的针具，如直径 0.2 ～ 0.25 mm，长度为 1 ～ 2 寸的针具。临床上选择针具，常以将针刺入穴位相应深度，而针身还露在皮肤外少许为宜。

（三）施术前护理

（1）核对医嘱，了解患者相关情况，如当前症状、发病部位及相关因素。

（2）告知患者如出现脸色苍白、胸闷、欲呕等症状，属于晕针现象，应及时告知医生。针刺时可能出现疼痛、血肿、滞针、弯针等情况，患者不必紧张，医务人员会妥善处理。如有酸、麻、胀、痛、沉、紧、涩等感觉，属于正常针感。

（3）取合理体位（一般取卧位，根据施针穴位的部位，还可以取俯卧位、侧卧位、坐位等），协助患者松开衣着，暴露施术部位以便操作，同时注意让患者保暖。

五、操作步骤

针刺疗法根据患者的体质、症状和体征分为补法、泻法及平补平泻法。

（一）补法

（1）备齐用物，洗手，将所准备物品携至床旁。

（2）进针。

①经过壮医望、闻、按、探、询五诊合参后根据患者病情轻重缓急和症状确定施针穴位。

②用 75% 酒精或碘伏消毒皮肤（由内向外环状消毒，消毒面积直径大于5 cm）。

③按腧穴深浅和患者体形选择合适的毫针。

④嘱患者做腹式吐纳运动。

⑤医者施针前先用酒精棉球消毒持针的手指，后执针将毫针对准穴位，并趁患者吐气时将针刺入穴位至所需深度。

具体的进针深度除根据穴位部位特点来决定外，临床上还需灵活调整。如形体瘦弱者宜浅刺，形体肥胖者宜深刺；年老者、体弱者、小儿宜浅刺，青壮年、体壮者宜深刺；阳证、初病者宜浅刺，阴证、久病者宜深刺；头面、胸背等肌肉薄处宜浅刺，四肢、臀、腹等肌肉丰厚处宜深刺；手指、足趾、掌跖部宜浅刺，肘臂、腿膝处宜深刺等。针刺的角度和深度有关，一般来说，深刺多用直刺，浅刺多用斜刺和横刺。对项后正中、大动脉附近、眼区、胸背部的穴位，尤其要掌握斜刺深度、方向和角度，以免造成损伤。泻法及平补平泻法进针深度原则同此。

（3）留针候气。进针完毕后，可开始留针，待气至之后再行运针吐纳补法。壮医以"三道两路"为传导和调节系统，判定气至与否，不以是否酸、麻、胀为依据，而是以针体是否自行摆动、针感是否下坠、针口皮肤高起或陷落为标准，只要出现其中一项即可视为气已至，可以进行吐纳补泻治疗手法。一般情况下，留针时间为 20 min，也可以依据病情需要，将留针时间延长至 30 ～ 50 min。

（4）运针吐纳施补。按三气同步理论，医者将针提起少许，再迅速插下，连续 9 次（一般为奇数，具体由医者灵活掌握），然后嘱患者做腹式吐纳运动，连续3 次（一般为奇数，具体由医者灵活掌握），上述过程称为给该穴位施补 1 次。需要在哪些穴位施补、每个穴位施补几次，均视病情而定，若行提插时患者诉疼痛，应立即改轻微捻转替代提插。施补的目的是调节三气同步，针感并不是首要，必须尽量避免使患者感到疼痛。

（5）出针。嘱患者做腹式吐纳运动，趁患者纳气时，将针缓慢拔出。出针后立即用消毒棉签按压针孔，并轻轻揉按几次，防止气血外泄及出血。

（6）协助患者整理衣着，整理床单，为患者安排舒适的体位。

（7）整理用物，检查针数以防遗漏。将用过的针具置于利器盒中销毁处理。

（8）洗手后记录病情变化。

（二）泻法

（1）备齐用物，洗手，将所准备物品携至床旁。

（2）进针。

①经过壮医望、闻、按、探、询五诊合参后根据患者病情轻重缓急和症状确定施针穴位。

②用75%酒精或碘伏消毒皮肤（由内向外环形消毒，消毒面积直径大于5 cm）。

③按腧穴深浅和患者体形选择合适的毫针。

④嘱患者做腹式吐纳运动。

⑤医者施针前先用酒精棉球消毒持针所用手指，后执针将毫针对准穴位，并趁患者吐气时将针刺入穴位至所需深度。

（3）留针候气。进针完毕后，待气至之后再行运针吐纳泻法。一般情况，留针时间为20 min，也可以依据病情需要，将留针时间延长为30～50 min。

（4）运针吐纳施泻。按三气同步理论，医者将针提起少许，再迅速插下，连续6次（一般为偶数，具体由医者灵活掌握），然后嘱患者做腹式吐纳运动，连续4次（一般为偶数，具体由医者灵活掌握），上述过程称为给该穴位施泻1次。需要在哪些穴位施泻、每个穴位施泻几次，视病情而定。若行提插时患者诉疼痛，应立即改轻微捻转替代提插。施泻的目的是调节三气同步，针感并不是首要，必须尽量避免使患者感到疼痛。

（5）出针。嘱患者做腹式吐纳运动，趁患者吐气时，将针缓慢拔出。

（6）协助患者整理衣着，整理床单，为患者安排舒适的体位。

（7）整理用物，检查针数以防遗漏，将用过的针具置于利器盒中销毁处理。

（8）洗手后记录病情变化。

（三）平补平泻法

（1）备齐用物，洗手，将所准备物品携至患者床旁。

（2）进针。

①经过壮医望、闻、按、探、询五诊合参后根据患者病情轻重缓急和症状确定施针穴位。

②用 75% 酒精或碘伏消毒皮肤（由内向外环形消毒，消毒面积直径大于 5 cm）。

③按腧穴深浅和患者体形选择合适的毫针。

④嘱患者做腹式吐纳运动。

⑤医者施针前先用酒精棉球消毒持针所用手指，后执针将毫针对准穴位，并趁患者吐气时将针刺入穴位至所需深度。

（3）留针。进针完毕后，一般情况下，留针时间为 20 min，也可以依据病情需要，将留针时间延长为 30 ～ 50 min，中间无须提插或捻转。

（4）出针。嘱患者做腹式吐纳运动，趁患者吐气或纳气时将针缓慢拔出。

（5）协助患者整理衣着，整理床单，为患者安排舒适的体位。

（6）整理用物，检查针数以防遗漏，用过的针具置于利器盒中销毁处理。

（7）洗手后记录病情变化。

六、治疗时间及疗程

根据患者病情及治疗需要，一般情况下留针时间为 30 min，也可依据患者情况进行灵活调整，延长留针时间至 30 ～ 50 min。视各类疾病情况不同，壮医针刺治疗疗程也不同，急性病疗程一般较短，通常每日针刺治疗 1 次，5 ～ 7 日为 1 个疗程。慢性病则疗程较长，可每日或隔日针刺治疗，15 ～ 20 天为 1 个疗程。

七、注意事项

（1）向患者做耐心解释，说明壮医针刺主张无痛及在享受中治疗，以消除患者的紧张心理，使其放松心情，配合治疗。

（2）严格执行无菌操作。

（3）不宜取站立位治疗，以防患者晕针。

（4）准确取穴及运用进针方法，掌握好进针角度和深度，勿将针身全部刺入，以防折针。

（5）针刺中应观察患者面色、神情，询问有无不适反应，了解患者心理、生理感受，若发现患者病情变化，应立即处理。

（6）起针时要核对穴位和针数，以免毫针遗留在患者身上。患者接受治疗后应避免立即剧烈活动。

八、应急处理

（一）晕针

（1）症状。轻度晕针表现为精神疲倦，头晕目眩，恶心欲吐；重度晕针表现为心慌气短，面色苍白，出冷汗，脉象细弱，甚则神志昏迷，唇甲青紫，血压下降，二便失禁，脉微欲绝。

（2）原因。多见于初次接受针刺治疗的患者；其他原因可能包括精神紧张、体质虚弱、劳累过度、饥饿空腹、大汗后、大泻后、大出血后等；也可能是患者体位不当、医者手法过重以及治疗室内空气闷热或寒冷等所导致。

（3）处理。立即停止针刺，取出所有留置针，扶患者平卧，将其头部放低，松解患者衣带，同时注意让患者保暖。症状轻者静卧片刻，给饮温水，即可恢复；必要时可配用现代急救措施。患者晕针缓解后，仍需适当休息。

（4）对晕针要重视预防，对初次接受针刺治疗者，要向其做好解释工作，解除其恐惧心理。为患者正确选取舒适持久的体位，尽量采用卧位，选穴宜少，手法要轻，对劳累、饥饿、大渴者，应嘱其休息、进食、饮水后再行针刺治疗。针刺过程中，应随时注意观察患者的神态，询问针后情况，一旦出现不适等晕针先兆，需及早采取处理措施，此外，注意室内空气流通，消除过热过冷等环境因素的影响。

（二）滞针

（1）症状。针刺入穴位内，运针时捻转不动，提插、出针均感困难。若勉强捻转、提插，则患者感到疼痛。

（2）原因。患者精神紧张，针刺入后局部肌肉强烈收缩；或行针时捻转角度过大、过快或持续单向捻转等，致肌纤维缠绕针身。

（3）处理。嘱患者消除紧张，使局部肌肉放松，延长留针时间，用循、捏、按、弹等手法；或在滞针附近加刺针，以缓解局部肌肉紧张。如是单向捻针所致，需反向将针捻回。

（4）预防。对精神紧张者应先做好解释工作，消除其顾虑；同时注意行针手法，避免连续单向捻针。

（三）弯针

（1）症状。针柄改变了进针时刺入的方向和角度，使提插、捻转和出针均感困难，患者感到针灸处疼痛。

（2）原因。医者进针手法不熟练，用力过猛，以致针尖碰到坚硬组织；或患者在针刺过程中变动体位；或针柄受到某种外力碰压等。

（3）处理。出现弯针后，则不能再行手法。如针身轻度弯曲，可慢慢将针退出；若弯曲角度过大，应顺着弯曲方向将针退出；若是患者体位改变所致，应嘱患者慢慢恢复原来体位，使局部肌肉放松后，再慢慢退针。遇弯针现象时，切忌强拔针、猛退针。

（4）预防。医者进针手法要熟练，指力要轻巧。患者的体位要选择恰当，并嘱其不要随意变动。注意针刺部位和针柄不能受外力碰压。

（四）断针

（1）症状。针身折断，残端留于患者体内。

（2）原因。针具质量欠佳，针身或针根有损伤剥蚀；或针刺时针身全部刺入穴位内，行针时强力提插、捻转，局部肌肉猛烈挛缩；或患者体位改变；或弯针滞针未及时正确处理等所致。

（3）处理。嘱患者不要紧张、乱动，以防断针陷入深层。若断端显露，可用手指或镊子取出；若断端与皮肤相平，可用手指挤压针孔两旁，使断针暴露出体外，用镊子取出；若断针完全没入皮内或肌肉内，应在 X 射线下定位，再行手术取出。

（4）预防。应仔细检查针具质量，不合要求者剔除不用。进针、行针时动作宜轻巧，不可强力猛刺。针刺入穴位后，嘱患者不要随意变动体位。针刺时针身不宜全部刺入。遇到滞针、弯针现象时应及时正确处理。

（五）创伤性气胸

（1）症状。患者突感胸闷、胸痛、气短、心悸，严重者呼吸困难、脸色发绀、冒冷汗、烦躁、恐惧，甚则血压下降，出现休克等危急现象。检查时，肋间隙变宽、外胀，叩诊呈鼓音，听诊肺呼吸音减弱或消失。胸透检查可见肺组织被压缩现象，气管向健侧移位。有的针刺创伤性轻度气胸者，起针后并不出现症状，而是过了一段时间后才慢慢出现胸闷、胸痛、呼吸困难等症状。

（2）原因。针刺胸部、背部和锁骨附近的穴位过深，刺穿了胸腔和肺组织，气体积聚于胸腔而导致气胸。

（3）处理。一旦发生气胸，应立即起针，并让患者采取半卧位休息，嘱咐患者保持心情平静，切勿因恐惧而反转体位。一般漏气量少者，可自然吸收。医者要密切观察，随时对症处理，如给予镇咳、消炎类药物，以防止肺组织因咳嗽扩大创口，加重漏气和感染。对症状严重患者须及时组织抢救，如胸腔排气、少量慢速输氧等。

（4）预防。医者针刺时要集中注意力，协助患者选好适当体位，根据患者体形胖瘦及针刺部位掌握进针深度，施行提插手法的幅度不宜过大。胸背部穴位应斜刺、横刺，不宜长时间留针。

第二节　脐环穴针刺疗法

壮医认为人体内存在谷道、水道、气道、龙路、火路（即"三道两路"）5 条通道，"三道"主化生气血，"两路"主运载气血。这些通道均与体表相通应，尤其是龙路和火路，内有气血流行，其网络分支密布全身，连接谷道、水道、气道，并在体表一定部位交叉成结，壮医称之为网结（即穴位）。肚脐正是"三道两路"在体表的特殊网结，其位置浅表而显露。脐周密布龙路火路的网络分支，故肚脐与全身脏腑组织密切相关，"三道两路"的精气皆外注于肚脐，道路及脏腑的生理功能、病理变化均可通过道路的传导反映在肚脐上，医者可观脐诊病，而刺激肚脐也可以作用于相应的道路及脏腑。因此，肚脐既是人体的"微诊系统"，也是人体的"治疗部位"。壮医针刺脐环穴就是通过刺激肚脐这一独特的网结，经过道路系统的传导，作用于相应的脏腑组织，达到畅通"三道两路"、调节五脏六腑和平衡气血的目的。肚脐是天地人三部之气的枢纽，脐气正常则天气下降、地气上升、人气调和，从而使气血均衡、人体安康。故肚脐在人体气机运动中的作用非常关键，调气作用显著。历代传统医学都很重视肚脐的调气功能，《针灸大成》称肚脐为"气舍"，《铜人腧穴针灸图经》称肚脐为"气合"，彭祖的"小续命蒸脐

法"则指出："脐者，肾间之动气也，气通百脉，布五脏六腑，内走脏腑经络，使百脉和畅，毛窍通达，上至泥丸，下至涌泉。"壮医在临床中通过针刺脐环穴治疗全身疾病就是取其调气作用。

一、适应证

壮医针刺脐环穴的治疗作用主要取决于人体的机能状态，人体处在不同的病理状态下，则治疗可以产生不同的作用。即同一个穴位，用于虚弱者有调补作用，用于气郁者有舒郁作用，用于肿块者有祛瘀散结作用，用于热毒壅盛者有清热解毒作用，用于便秘者可以通便，用于泄泻者可以止泻。壮医针刺脐环穴由于取穴独特、用穴单一、治疗方便，以其简、便、廉、验等特色与优势被广泛接受、应用和推广，适应病证范围很广，脏腑诸疾皆可应用，能治疗内科、外科、妇科、皮肤科等的多种常见及疑难疾病，疗效显著。其中，小儿遗尿、月经不调、慢性疲劳综合征、偏头痛、阳虚体质等病证，单独应用脐环穴即可收到良好的治疗效果；复杂的疾病还可以配伍其他穴位进行综合治疗，临床以脐环穴为主穴配伍其他体穴治疗疾病，均获得良好的疗效。

二、部位选择

脐环穴是壮医针刺特定穴，分为脐内环穴和脐外环穴两类，均位于脐周。肚脐的形态不一，包括圆形、卵圆形、纵形和不规则形。在定位时，根据肚脐的形状，以脐窝的外侧缘旁开 0.5 寸作一圆环，称脐内环，环线上均是穴位，统称脐内环穴。临床习惯在脐内环取 8 个穴位，若把脐内环当作一钟表，以脐中央（神阙）为钟表表盘的中心，按钟表位分别在 12 时、1.5 时、3 时、4.5 时、6 时、7.5 时、9 时、10.5 时 8 个点上取穴，壮医习称脐内环八穴。以脐窝的外侧缘旁开 1.5 寸作一圆环，称脐外环，环线上均是穴位，统称脐外环穴，一般取上下左右即 12 时、3 时、6 时、9 时共 4 个穴位，壮医习称脐周四穴（图 8-2-1）。

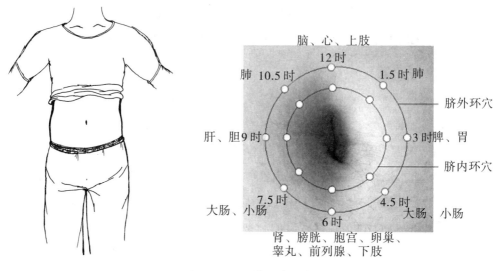

图 8-2-1　壮医脐环穴

　　根据壮医理论，各脏器在脐部的投影位置与人体脏器的正常位置相对应，脐的天、人、地三部分别归属于不同的脏腑器官组织，故脐环穴主治病证广泛，环线上不同的穴位主治不同的脏腑器官组织病变。脐外环穴可以看作是脐内环穴的扩展，具有类似的治疗作用，即把脐部放大。但初步的临床观察表明，脐内环穴治疗全身疾病效果更好，临床更为常用，而脐外环穴则主要用于治疗腹部病变。脐上部为天部，与巧坞（大脑）、咪心头（心）、上肢、咪钵（肺）等脏器相通应，壮医认为巧坞（大脑）是精神活动的主宰，是火路化生和调节的枢纽脏腑；咪心头（心）是龙路化生和调节的枢纽脏腑；咪钵（肺）是气道化生和调节的枢纽脏腑。因此，在脐环穴中，位于脐上部的穴位可通调全身龙路火路以及气道，主治人体天部病变，即膻中以上的胸部、头颈及上肢等部位的病变，包括现代医学的颅脑神经系统、心血管系统及呼吸系统疾病等。其中 12 时位最高，与巧坞（大脑）、咪心头（心）、上肢相通应；咪钵（肺）则与 1.5 时、10.5 时位相通应；脐中部为人部，与咪叠（肝）、咪背（胆）、咪隆（脾）、咪胴（胃）等脏器相通应。由于咪叠（肝）、咪背（胆）是谷道化生和调节的枢纽脏腑，咪胴（胃）是水谷消化的重要场所，在脐环穴中，位于脐中部的穴位可通调全身谷道，还可通调龙路火路，主治人部病变，即膻中与脐之间躯体的病变，包括现代医学的肝胆和消化系统疾病等，其中咪叠（肝）、咪背（胆）居右（人体的右侧），即 9 时位；咪隆（脾）、咪胴（胃）

居左（人体的左侧），即3时位，均位于脐水平线上。脐下部为地部，与咪虽（肠，包括大肠、小肠）、咪腰（肾）、咪小肚（膀胱）、咪花肠（胞宫）、隆娃（卵巢）、咪麻（睾丸）、前列腺、下肢等脏器相通应，其中咪腰（肾）和咪小肚（膀胱）是水道化生和调节的枢纽脏腑，而咪花肠（胞宫）、隆娃（卵巢）、咪麻（睾丸）与人体的生殖繁殖机能密切相关。壮医认为男精为阳精，女精为阴精，男精产生于咪麻（睾丸），女精产生于隆娃（卵巢），因此，在脐环穴中，位于脐下部的穴位通谷道、水道、龙路、火路，主治地部病变，即脐以下部位的病变，包括现代医学的泌尿系统、生殖系统以及消化系统疾病等。其中6时位最低，与咪腰（肾）、咪小肚（膀胱）、咪花肠（胞宫）、隆娃（卵巢）、咪麻（睾丸）、前列腺、下肢相通应，咪虽（肠，包括大肠、小肠）则与4.5时、7.5时位相通应。临床应用壮医脐环穴时，既可以单用环线上某一穴位，也可以多个穴位联用，甚至可与体穴配伍，以提高疗效。常用的配穴方法有道路配穴法和三部配穴法。

道路配穴法：即"三道两路"配穴，指将谷道、水道、气道、龙路、火路的穴位互相配合应用的方法。"三道两路"中任一通路发生病变时，除取通本道路的穴位外，还可配伍通其他道路的穴位。例如谷道不通畅出现胃痛等谷道疾病时，除取通谷道的脐内环穴（脾、胃），还可取通两路的脐内环穴（心），或配伍通两路的体穴内关。

三部配穴法：指将脐上部、中部、下部的穴位，或人体上部、中部、下部的穴位互相配合应用的方法。可以是某二部配伍，也可以是三部配伍。如胃痛属人部病变，可取位于人部的脐内环穴（脾、胃），再配以位于脐天部的脐环穴（心），还可配伍位于人体地部的体穴足三里。

部分病证配穴举例如下。

1. 失眠

处方一：脐内环穴取肾、脑。

处方二：脐内环穴取肾、脑，配以安眠三穴（壮医特定穴，沿眉毛内侧端边缘上、中、下各取1穴，共3穴）、膻中、内关、神门。

2. 黄褐斑

处方一：脐内环穴取心、肝、脾、肺、肾。

处方二：脐内环穴取心、肝、脾、肺、肾，配以梅花穴（壮医特定穴，沿皮损或肿块周边及中点选取 1 组穴位，呈梅花形）、复溜、膻中、内关。

3. 子宫肌瘤

脐内环穴取心、胞宫，配以血海、复溜、太冲、子宫、踝关穴（壮医特定穴，围绕踝关节一圈为环，环线上均是穴位）、关元穴。

4. 尿失禁

脐内环穴取心、肝、肾。

5. 面瘫

脐内环穴取肝、胆、心，配以合谷、列缺、颊车、迎香、发旋（壮医特定穴，头顶头发旋涡处是穴）、安眠三穴。

三、治疗方法

（1）用物准备：25 mm 针灸针、无菌棉球、络合碘或 75% 酒精、灭菌橡胶手套。

（2）治疗体位：宜选取使患者在治疗中较为舒适而又能耐久的体位，既便于医者取穴、操作，又能适当留针。有条件时应尽量取卧位，以避免发生晕针等意外事故，尤其是针对精神紧张、年老、体弱或病重的患者。

（3）操作步骤。

①准备。针刺前须严格消毒脐部，防止感染，尤其是对脐窝较深及污垢较多的患者，可先清理污垢，再予以络合碘或 75% 酒精消毒（图 8-2-2）。

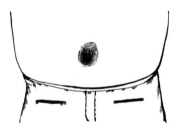

图 8-2-2　脐环穴消毒

②进针。进针时，一般双手配合。右手持针，以拇指、食指两指夹持针柄，中指固定穴位处，拇指、食指用力沿中指快速进针，注意进针时的力量和针刺的角度、深度；如果是使用管针，可用左手按压针管部位，右手快速拍入针尖后迅速退出针管，左手扶定针体，防止针体弯曲，然后刺入穴位，可避免使患者感到

疼痛，并促使针刺感应的获得。具体的进针深度除根据穴位部位特点来决定之外，临床上还需灵活调整。如形体瘦弱者宜浅刺，形体肥胖者宜深刺；年老者、体弱者、小儿宜浅刺，青壮年、体壮者宜深刺；阳证、初病宜浅刺，阴证、久病宜深刺。针刺脐内环穴时宜采用 25 mm 针灸针，以脐中央为中心，向外与皮肤呈 10° 角放射状平刺，进针深度约为 20 mm；针刺脐外环穴时则可直刺 12 ～ 25 mm。注意进针深度不宜过深，以免刺伤患者腹内脏器，出现针刺意外。

③留针。进针后直接留针 30 ～ 60 min，无须施行提插捻转等行针手法，以免引起患者疼痛。脐环穴均可施针，每穴每天可针刺 1 ～ 2 次（图 8-2-3）。

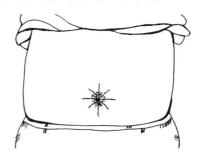

图 8-2-3　脐环穴留针

④出针。在留针时间达到一定的治疗要求后，将针体退出体外。出针时，左手拇指、食指用无菌棉球按于针孔周围，右手持针做轻微捻转，并慢慢提针至皮下，最后将针完全退出体外。出针后应迅速用无菌棉球揉按针孔，以防出血。出针后要核对针数，以免遗漏。嘱患者休息片刻，注意保持治疗部位清洁。

四、注意事项

脐环穴针刺疗法是一种安全、有效的治疗方法，但由于各种原因或患者个体差异，偶尔也可能会出现一些异常情况，所以在临床使用此疗法时，必须注意以下事项。

（1）针刺时医者必须专心致志，审慎从事，随时观察患者表情和反应，询问患者感觉。

（2）如果患者处于饥饿、疲劳状态或精神过度紧张时不宜立即针刺，应补充能量或稍事休息，待情绪缓解后再行针刺；对身体瘦弱、气虚血亏的患者，针刺时不宜使用重手法。

（3）针刺时应让患者尽量选用仰卧位，保证体位舒适，预防发生晕针。

（4）患者一般在行针刺1 h后方可洗手，3 h后方可洗澡。

（5）患者进行针刺后不可喝低于人体温度的水和饮料，不宜吹风或淋雨，应注意保暖。

另外，对于体质虚弱的患者，医者可凭肉眼观察，判断其晕针、晕血的可能性，凡易晕针、晕血的患者，应尽可能避免针刺。有些体质壮实者同样会发生晕针、晕血，因此，医者在行针刺之前必须做好晕针、晕血的防治准备，一旦患者发生晕针、晕血，必须立即急救，确保治疗安全。

五、晕针、晕血的预防措施

体质虚弱、过度疲劳、过度饥饿或恐惧针灸的患者比较容易晕针、晕血，原则上应避免针刺。如果必须采用针刺治疗，进针前应先嘱咐患者，如针刺过程中感觉头晕或心慌，必须马上告知医者。医者发现患者有晕针、晕血先兆，应立即出针，并急用壮医药线点灸足三里、内关、百会、人中、大椎等穴，每穴点灸3～5壮，均用补法。

六、晕针、晕血辨识及急救措施

晕针、晕血的主要症状包括脸色苍白、头晕目眩、大汗淋漓、手足冰冷、不省人事等。急救方法是让患者去枕平卧，指压患者人中、内关、足三里等穴，并用壮医药线点灸大椎、足三里、百会、内关等穴，每穴点灸3～7壮，均用补法。患者经急救苏醒后，给服适量温糖水或温开水，令其静坐或静卧30 min或1 h后多可缓解。

七、禁忌证

孕妇及有出血倾向的患者禁用此疗法；患者情绪紧张、不能配合治疗或过度饥饿时应慎用此疗法，以免晕针。

八、临床应用病案举隅

患者，女，13岁，2009年5月17日初诊。主诉尿急、尿失禁反复3年多。3年来在清醒状态下尿液经常不自主外流，不能自主控制排尿，每每发生在情绪紧张或学习紧张的情况下，以白天发作较多。睡眠欠佳，多梦。大便尚调，舌苔厚白，舌尖红，脉滑。诊为幽吧（尿失禁），拟用脐环穴针刺疗法治疗。脐内环穴取心、肝、肾，向外与皮肤呈 10° 角平刺，用平补平泻法，留针 50 min。每周治疗 3 次，连续治疗 20 次后，尿失禁完全消除。随访半年，未见复发。

第三节　壮医针刀疗法

壮医针刀疗法是一种在壮医理论指导下，用针刀刺入人体特定部位，完成切割、松解等操作，运用针刀，结合巧妙的内手法，舒筋活络，刮除疤痕，松解黏连，改善症状，使气血通畅的临床医疗技术。壮医针刀疗法是在壮医经筋疗法的基础上发展而成的，壮医经筋疗法由经筋摸结诊病和解结治疗两部分组成，摸结诊病主要是沿经筋循行路线查找筋结，筋结是经筋病的致病核心，如何准确找到筋结并行解结治疗是关键。而针刀一方面能发挥针刺作用，通过针体对穴位的提插来疏经通络、调整阴阳、活血化瘀，因其比一般毫针粗，对肌肉和穴位的刺激量便比一般毫针要大得多，针刺效应也更快、更明显；另一方面又能施展刀的威力，通过剥离黏连、松解挛缩来快速调畅局部能量流动，恢复人体内力平衡。筋结的形成按现代医学的理论不外乎是软组织慢性损伤后形成的黏连、疤痕、挛缩和血管堵塞等改变，小针刀应是经筋解结的适宜工具。

一、适应证

壮医针刀疗法的适应证范围比较广泛，经过大量的临床应用，对其产生疗效的各种疾病进行规范性的研究，形成了针刀医学庞大的治疗体系，涉及内科、外科、妇科、儿科的诸多杂病。现就其比较成熟的适应证具体列举如下。

（1）各种因慢性软组织损伤而引起的四肢躯干各处的一些顽固性疼痛点。

（2）部分骨刺。

（3）滑囊炎。

（4）四肢、躯干因损伤而引起的后遗症。

（5）骨化性肌炎初期（包括肌肉韧带钙化）。

（6）各种腱鞘炎。

（7）肌肉和韧带积累性损伤。

（8）外伤性肌痉挛和肌紧张（非脑源性的）。

（9）手术损伤后遗症。

（10）病理性损伤后遗症。

（11）骨折畸形愈合、骨折后遗症或残留功能障碍者。

二、筋结点的查找

使用壮医经筋摸结法，运用拇指的指尖、指腹及拇指与其他四指的指合力或用肘尖，对经筋循行路线作浅、中、深层次检查，由浅至深，由轻至重，以切、循、按、摸、弹拨、推按、拔刮、拊掐、揉捏等手法行检。筋结分点、线、面等类型，触摸有粗糙样、小颗粒状、结节状、条索状、线样甚至成片状，大小不一，深浅不一，以触压时疼痛异常敏感为特征。

根据经筋病的特点，经筋病在人体中最易发病区分布如下。

（1）头部：眶隔筋区、额筋区、颞筋区、耳筋区、枕筋区、顶筋区、面筋区。

（2）颈部：颈侧筋区、颈后筋区。

（3）肩背部：冈上筋区、冈下筋区、肩胛间筋区及夹脊。

（4）腰臀部：臀筋区、腰筋区、臀外侧筋区、腰三角筋区。

（5）胸部：胸骨筋区、胸肋关节筋区、锁骨下筋区、外侧胸筋区、肋弓筋区、剑突及游离肋骨筋区。

（6）腹部：腹浅层筋区（按九区划分）、腹深层"缓筋"筋区。

（7）上肢：肩筋区、上臂筋区、肘筋区、前臂筋区、腕筋区、指掌关节筋区。

（8）下肢：腹股沟筋区、股三角筋区、股筋区、膝关节筋区、小腿筋区、踝关节筋区、跖趾筋区、足底筋区。

筋结病灶的阳性体征类型具体包括增粗增厚型病灶、微粒型病灶、颗粒型病灶、线状型病灶、片状型病灶、小索样型病灶、粗索样型病灶、团块样型病灶、梭样型病灶、结团块型病灶、薄块样型病灶、塌方样型病灶、波动型病灶、静脉屈曲型病灶、扳机型病灶及瘀血样型病灶。

三、针刀解结方法

（一）用物准备

各型号针刀、2% 利多卡因、10 ml 注射器、消毒盘、弯盘、5% 碘伏、无菌干棉球、创可贴。

针刀疗法所用针刀是由金属材料做成的、在形状上似针又似刀的一种针用具，是在古代九针中的镵针、圆针、鍉针、锋针、铍针、圆利针等的基础上，结合现代医学外科用手术刀的特点发展形成的。针刀形状和长短略有不同，一般长为 10 ～ 15 cm，直径为 0.4 ～ 1.2 mm 不等，分手持柄、针身、针刀三部分。针刀宽度一般与针体直径相等，刃口锋利（图 8-3-1）。

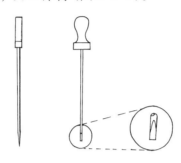

图 8-3-1 针刀结构图

（二）施术体位

针刀治疗时患者体位适当，有助于医者正确查找筋结点、顺利完成针刀手术的入路和操作以及防止针刀治疗时出现意外情况等。适当体位的选择，应该本着有利于针刀手术操作和使患者感到舒适自然、且能较长时间保持稳定的原则。临床上施行针刀治疗时常用的体位，主要有以下 4 种。

（1）仰卧位。适宜于治疗头面、颈、胸、腹、髋、四肢前面和外侧等部位的病变。如颞下颌关节紊乱综合征、胸锁乳突肌肌腱炎、腹外斜肌损伤、肱二头肌肌腱炎、股四头肌损伤、胫骨内髁炎等。治疗膝部病变时，腘窝处垫软垫，使膝关节稍呈屈曲位。

（2）俯卧位。适宜于治疗枕部、颈项部、肩背部、腰臀部、大腿后部、腘窝、小腿后部、足跟等部位的病变。如颈椎病、菱形肌损伤、腰椎间盘突出症、臀中肌损伤、足跟痛等。治疗腰部病变时，腹下垫软垫。

（3）侧卧位。适宜于治疗肢体侧面部位的病变。如肩周炎、三角肌滑囊炎、髂胫束损伤等病变。

（4）坐位。适宜于治疗肩部、肘部、腕部、手掌等部位的病变。如肱骨外上髁炎、腕管综合征、屈指肌腱腱鞘炎等。

（三）操作方法

（1）医者在患者选好体位后确定筋结点，在通过上述摸结法确定的筋结点中根据病情选取病灶，用手术记号笔标记。进行局部无菌消毒，即先用酒精消毒，再用碘酊消毒，最后用酒精脱碘。

（2）医者戴上无菌手套，确认进针部位，并做好标记。对于身体大关节部位或操作较复杂的部位可敷无菌洞巾，以防止操作过程中的污染。

（3）为减轻局部操作时引起的疼痛，可作局部麻醉，阻断神经痛觉传导。深部筋结用 0.25% ～ 0.5% 利多卡因局部麻醉，每次注药前都要回抽，未见回血才能将药物缓慢注入；浅部筋结不麻醉。深部筋结选用 3 号或 4 号针刀，浅部筋结选用超微针刀。正确的持针刀手法是针刀操作准确的重要保证。针刀不同于一般的针灸针和手术刀，它是一种闭合性的手术器械，在人体内可以根据治疗要求随时转动方向，而且针对不同疾病，其刺入深度有不同的规定。因此针刀的持针手法要求能够掌握方向，并控制刺入的深度。针刀的手持柄是扁平的，并且和针刀刀刃在同一个平面内，医者以右手食指和拇指捏住手持柄，手持柄的方向即为刀口线的方向，可用拇指和食指来控制刀口线的方向。手持柄扁平呈葫芦状，比较宽阔，方便拇指和食指的捏持，便于用力将针刀刺入相应深度。中指托住针身，置于针身的中上部位。如果把针刀总体作为一个杠杆，中指就是杠杆的支点，便于针身根据治疗需要改变进针角度。无名指和小指置于施术部位的皮肤上，作为针刀刺入时的一个支撑点，控制针刺的深度。在针刀刺入皮肤的瞬间，无名指、小指的支撑力和拇指、食指的刺入力的方向是相反的，以防止针刀在刺入皮肤的瞬间，因针刀刺入的惯性力作用而刺入过深（图 8-3-2）。另一种持针刀手法是针对在刺入较深部位时使用的长型号针刀，其基本持针手法和前者相同，只是要用左手拇指、食指捏紧针身下部。一方面起扶持作用，另一方面起控制作用，防止在右手用力刺入时，由于针体过长而发生针体弓形变，引起刺入方向改变（图 8-3-3）。

（4）垂直于患者皮肤快速进皮，然后慢速通过皮下、深筋膜等组织，到筋结部位（多位于深筋膜、腱膜、骨膜等），患者出现明显酸胀感、向下放射感时固灶行针，行内操作手法。根据壮医针刀疗法使用固灶行针，常用的有下列 5 种方法。

①掐持固灶法：用左手五指合力，将病灶掐持，右手持针行刺。

②握捉固灶法：用左手五指合力，将病灶紧握，并稍提起，以右手提针沿着

被提起的肌筋位置刺入。握捉固灶法主要为行针刺方便，可有效避开脏腑或要害部位，施针安全而有效。

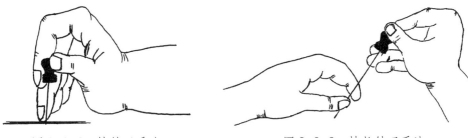

图 8-3-2　持针刀手法　　　　　　　　图 8-3-3　持长针刀手法

③指切固灶法：运用左手五指合力，以拇指甲尖切压病灶，起固定病灶作用，以右手提针沿着左手拇指甲尖快速刺入。指切固灶法适宜于对肌筋较薄部位的病灶施治。

④按压固灶法：运用左手五指合力，用拇指指腹按压固定病灶，以右手提针沿着左手拇指甲尖位置快速刺入。按压固灶法适宜于对肌筋较丰厚部位的施治。

⑤推按固灶法：运用左手五指合力，以拇指指腹推按病灶离开血管或其他要害部位，并固定于方便及安全的刺治部位上，然后以右手提针沿着左手拇指甲尖位置快速刺入。

（5）针刀内操作手法：一般进行纵横切、摆、铲等内操作手法，可参考恢刺、关刺、合谷刺和输刺等刺法。

①恢刺：刺入筋的旁边，如血管神经肌腱旁，前后左右摆动以松解黏连。

②关刺：刺入肌肉韧带的起止点，小幅度地切，注意不要引起出血。

③合谷刺：刺入筋膜层，可呈鸡足状切摆。

④输刺：直刺入骨尖、关节囊等处，用切法。

（四）常用的剥离方式

（1）顺肌纤维或肌腱分布方向做铲剥——针刀尖端紧贴着欲剥的组织做进退推进动作（不是上下提插），使横向黏连的组织纤维断离、松解。

（2）做横向或扇形的针刀尖端的摆动动作，使纵向黏连的组织纤维断离、松解。

（3）做斜向或不定向的针刀尖端划摆动作，使无一定规律的黏连组织纤维断离松解。

（4）剥离动作视病情有无存在黏连而选择是否采用，注意各种剥离动作，切不可幅度过大，以免划伤重要组织如血管、神经等。

（5）每次每穴切割剥离2～5次即可出针，一般治疗1～5次即可治愈，2次治疗相隔时间可视情况而定为5～7天不等。

（五）出针刀法

出针刀法是指治疗完毕后，将针拔出并覆盖无菌敷料的操作方法。出针时应先以左手持纱布按压住针孔周围皮肤，将针刀轻捷地直接垂直于皮肤向外拔出。此动作应仔细，将针刀随势提出，不能妄用强力，粗心大意。若拔针后，针孔偶有出血，可用消毒纱布或无菌干棉球在针孔处轻轻按压片刻，最后用创可贴或无菌敷料覆盖针孔。

四、施术注意事项

（1）准确选择适应证，严格掌握禁忌证。要根据相关适应证、禁忌证对每名患者、每种疾病的不同情况（个体差异和疾病的不同阶段）进行细致判断。这是取得较好疗效、避免失误的根本。

（2）务必熟悉解剖技术。要深入了解和熟练掌握针刀施术处的解剖特点、动态改变，主要血管、神经的体表投影、体表标志和体内标志。在胸背部、锁骨上施术时需要避免刺入胸膜腔；在颈部、腰部及四肢施术时要注意不要损伤大血管、神经干及内脏器官。

（3）严格执行无菌操作。针刀是闭合性手术，虽然它的侵袭面很小，但是治疗部位较深，部分治疗点处于关节腔，一旦感染很难处理。因此要求所有物品必须达到高压灭菌的要求，消毒要正规，操作要符合无菌规范。

（4）防止晕针刀。晕针刀者并不少见，其表现与针灸、注射等时发生的晕厥现象无任何区别，其程度有轻有重，重者可出现失语、惊厥，甚至暂时性意识丧失。因此，在施术前应做好患者的思想工作，对当下体弱、饮食睡眠不佳、过度疲劳、情绪不稳定的患者需推迟针刀施术时间。预防晕针刀，最重要的是选好体位。推荐使用卧位，不管是仰卧、俯卧还是侧卧位，都能使患者在出现晕针刀的表现时不会晕倒，而只需在此体位上稍加调整，便可进行必要的处理，从而避免患者发生晕倒时，因手忙脚乱而贻误抢救时机。

（5）防止断针。金属同人一样也会"疲劳"，日久也会断裂。在进行针刀操作时，应先用无菌敷料擦拭手持柄，保证手持柄干燥无液体附着，便于手指捏拿。然后擦拭针身和针刀，看针身是否笔直；转动一下针身，看手持柄是否松动。当擦过刀刃时，则可判断刀刃是否已钝，有无镣刃。这些操作在几秒钟之内便可完成，但只要形成习惯，便会减少许多麻烦。在进行针刀操作时，要用柔和的力做各种剥离，而不是做强硬的剥离，更不能故弄玄虚，刻意摆耍花样，以防拔针时折断针刀。在操作时，只要认认真真，稳稳当当，垂直拔出，针刀就不会折断。若针刀折断，也不必惊慌，首先判断针刀断于何处，距皮面的距离有多少，试着压迫皮肤，使断在皮内的针刀体露出皮外，这样便可用止血钳夹持拔出。如果上法无效，必要时需行放射线透视定位，经外科手术切开取出。

（6）注意术后出血。针刀再小也是刀，只要切破血管就会出血。一般来说，只要认真按照定点原则定点，正确运用加压分离后再刺入的方式进针刀，基本可以避开大血管；在软组织中深入时，只要不是用力过猛，也不会产生大的损伤；如果针刀真正到达体内标志的骨点、骨面后再做各种剥离手法，那引起大出血的可能性就更小，因为剥离的是黏连、疤痕，切开的是韧带、肌腱、关节囊、滑液囊等物，这些组织血供均较少，大血管也不在此处。所以说，针刀操作愈到位，愈不易出现出血和血肿。相反，针刀在软组织中（皮下除外）做剥离，则更易产生出血和血肿。一般小血肿人体可以自行吸收，肢体深部的大血肿、硬膜内外的血肿则要紧急处置或请专科处理，不得延误。因此，针刀术后要严密观察患者肢体的感觉及运动等情况，在门诊的患者要观察 0.5～1 h 后方可离开，以确保安全。术毕，迅速用创可贴覆盖针孔，若同一部位有多个针孔，可用无菌纱布覆盖、包扎。嘱患者 24 h 内不可对施术部位进行洗擦，24 h 后方可去除包扎。

五、禁忌证

（1）处于一切严重内脏病的发作期的患者。

（2）施术部位有皮肤感染或肌肉坏死者。

（3）施术部位有红肿、灼热或在深部有脓肿者。

（4）施术部位有重要神经血管或重要脏器而施术时无法避开者。

（5）凝血机制不良或有其他出血倾向者。

（6）体质极度虚弱不能耐受手术者。

（7）血压较高且情绪紧张者。

有以上 7 种情况之一者，即使有适应证，也不可施行针刀疗法。

第四节　壮医针挑疗法

壮医针挑疗法又称挑治疗法，古代壮医亦称为挑草子、挑痧毒、斑麻救法。针挑疗法是指在壮医理论指导下，用针根据患者病证选择体表有关部位或穴位，运用不同手法，挑破浅层皮肤反应点或挑出皮下纤维，以治疗疾病的一种方法。古代壮医用植物硬刺、骨刺、青铜刺、银针进行针挑治疗，现在的针挑治疗多采用三棱针、一次性注射针头或大号缝衣针。针挑疗法通过针挑龙路、火路的体表网结（穴位），疏通经隧瘀滞，疏调气机，调和阴阳，鼓舞正气，逐毒外出。

一、适应证

针挑疗法的治疗范围较广，涉及内科、外科、妇科、儿科、五官科、皮肤科、泌尿科、男性科的各种常见病、多发病和疑难病等，尤其对痧症有良效，如羊毛痧、七星痧、五梅痧等；对痹症（如风湿性关节炎等）、四肢关节疼痛或僵直、颈肩腰腿疼痛、跌扑损伤瘀痛、肌肤麻木不仁等疗效亦较为显著。它不仅对功能性疾病有效，而且对某些细菌性炎症和实质性肿块有一定的消炎散结的作用。

二、部位选择

（一）皮肤反应点

皮肤反应点指在体表具有一定特征，代表一定病理变化的反应点。

（1）斑点。形如斑，与皮肤相平，形状大小不一，有的如针帽、芝麻，有的连成片，压之多不退色，无结节，无压痛，颜色有红、黄、蓝、白、黑、褐、紫等，以红色、褐色、白色为常见，多无光泽。

（2）疹点。形如沙子，突出表皮，散于皮肤表面，大小如沙子、芝麻，有轻度痒痛感，颜色有红、瘀、白三种，压之多不退色。

（3）孔点。皮肤表面可见细孔样，以毛孔为中心，其中心凹陷，周边有一红圈，中间有一毫毛竖起。毫毛根部常有一条黏性似羊毛状的细丝，可与毫毛同时被拔出来；用棉布或鸡蛋面团在其上滚辗，也可以把这种羊毛细丝滚贴出来。民间称此病证为羊毛疔。

（4）青筋。多见于静脉曲张、蜘蛛痣，其血管充盈。

（5）痛点（酸、胀、痛）。器官或组织病变经经络传导，在皮肤上出现酸、胀、痛的感觉。

（6）热点、辣点。器官或组织病变经经络传导在皮肤的感觉，也可见于皮肌炎、末梢神经炎、皮肤病等。

（二）皮下和肌肉反应点

皮下反应点出现的部位与内脏的体表投影区有关，即相应的穴位附近，多以胸、腹、背、腰、面、颈等部位为主。肌肉反应点大多比较深，有压痛、酸、胀感等。

（三）常见疾病反应点查找法

（1）心脏疾病患者多在心俞、身柱、虚里、鸠尾、巨阙、乳根、膻中出现结节、压痛点或自痛点。

（2）肝胆疾病患者多在肝俞、胆俞、不容、期门附近有结节、压痛点或自痛点。

（3）脾胃疾病患者常在胃俞、脾俞、中脘、章门、巨阙、梁丘、血海、足三里、阴陵泉等有结节、压痛点或自痛点。

（4）肺疾病患者多在肩颈区、背胛区有结节和抽痛，风门、肺俞、膏肓、膈俞附近和中府、膻中处出现结节、压痛点或自痛点。

（5）肾与膀胱疾病患者常在肾俞、三焦俞、膀胱俞、八髎、脐下、腹股沟两侧有结节或压痛点。

（6）咽喉部疾病患者常在颈后有困痛感，在喉部有梗阻感，在肘部外侧也有异感、压痛点或自痛点。

（7）阑尾炎患者常在右下肢、足三里下 1.5 寸（阑尾穴）、大肠俞有结节、压痛点或自痛点。

（8）腰痛患者常在阳关、骶髂关节、腰眼、腘窝和腱鞘起止处出现结节或压痛点。

（9）月经异常者在肾俞、阳关、八髎有结节、压痛点或自痛点。

（10）哮喘、慢性病患者在胸骨中部、肩胛两侧有结节、压痛点或自痛点。

（11）坐骨神经痛患者在第三骶椎棘突旁开3～4寸有明显压痛，并在环跳、殷门、委中、承山等处有放射性刺痛感，在肩胛骨下角下凹陷中央处有压痛点。

（12）肠虫症患者在膝内侧上3～4寸处有压痛点。

（13）风湿痛患者在关节周围有异感点。

（14）偏头痛、神经衰弱患者在头部及颞部血管顶支和额支有结节、压痛点或自痛点。

（15）慢性肠炎患者在枕后有麻胀不适感，在小腿处常有酸困感。

（16）女子白带过多者或男子白浊者，常在臀部和尾骨尖有一麻木区。

（17）肝胆疾病患者在肝俞、胆俞及右肋有结节和压痛点。

（18）甲亢患者皮肤温度较热，湿润，在第3～6节颈椎常有压痛点。

（19）妇科病患者多在腰背部查出皮下结节、压痛和自痛点，以腰、骶椎两侧附近为明显。

（20）阳痿、早泄患者，在第3～5节腰椎两侧有压痛点，长强穴有酸胀感。

（四）壮医常用针挑点

针挑点分为经穴挑点、分区折算挑点、神经挑点、头皮挑点，主要包括百会、人中、太阳、印堂、曲池、合谷、劳宫、足三里、涌泉、十宣、四缝、疳积等穴。此外，壮医针挑点的选择以皮肤反应点为主，中医经络穴位为辅，在头、胸腹、腰背及四肢有特定的针挑点。

（1）头面部。在前发际和眉上际之间，于眉头、眉尾、眉腰各取一点为起点，各向上平行纵伸出1条线，每条线上等距各取3点（图8-4-1）。

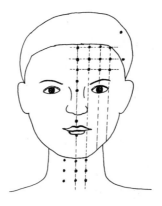

图8-4-1　头面部针挑点

（2）耳部。在耳廓高点各取1点，共取4点（图8-4-2）。

图 8-4-2　耳部针挑点

（3）颈部。在正中线以甲状软骨结节前凹处为中点，上点在甲状软骨和环状软骨交界的前中部凹陷处，下点在天突的穴位点；左右两侧线各取3点，上点相当于人迎，中点相当于水突，下点相当于气舍；共3行，每行3点，共9点。

（4）项部。正中线以大椎为基点，向上直至后发际为终点，左右两侧等距各取1条平行线，共取纵线3条；每条线相应各取3点。头项部针挑点较多（图8-4-3）。

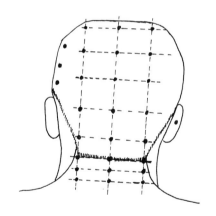

图 8-4-3　头项部针挑点

（5）脊背部。以脊柱为中线，两侧腋后线为旁线，每侧各作2条等距离平行线，再以第七节颈椎、第十二节胸椎、腰骶关节作2条平行线，分成上下2个区域，每个区域各作2条与该3条线等距的平行线，横、纵线相交叉处即为针挑点（图8-4-4）。

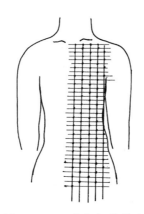

图 8-4-4 脊背部针挑点

（6）胸腹部。以天突、剑突、神阙三穴连线为前正中线，两侧腋前线为旁线，每侧各作 2 条等距离平行线，再将天突、剑突、耻骨联合各作 3 条平行线，分成上下 2 个区域，每个区域各作 2 条与该 3 条等距离平行线，横纵线交叉处即为针挑点。

（7）腋胁部。由腋窝中点起，垂直至髂骨上端止，平均分 6 等份，共取 7 个点。自上而下依次称为腋中线 1、2、3、4、5、6、7 挑点。

（8）上肢部。手臂前面从举臂至大陵为前正线，后面从肩髎至阳池为后正线，以前正线和后正线之间距离的半周线的中点为准，各作 2 条与前、后正前平行之直线共 4 条正线。从肩关节与肘关节、肘关节与腕关节之间各作 2 条等距离环手臂线、正线与环线交叉处即为针挑点。

（9）手掌。①十宣穴：10 个指头近甲处中央各取 1 个挑点，共 10 个点（图 8-4-5）。②甲角挑点：10 根手指甲角左右各取 1 个挑点，即甲角无名穴（图 8-4-6）。③四缝穴：除拇指外的 8 根手指各节横纹的中央取 1 个挑点，共 8 个点（图 8-4-7）。

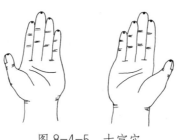

图 8-4-5 十宣穴

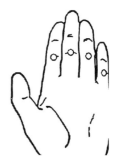

图 8-4-6　甲角无名穴　　　　　　　　　图 8-4-7　四缝穴

（10）下肢部。以股前部从气冲至解貀为前正线，后部从承扶至足后跟横纹为后正线。前正线与后正线之间各作 1 条等距离平行线，共 4 条纵线；大腿根部、膝关节、踝关节各作 1 条环线，每环线之间各作 2 条等距离平行线；环线与纵线相交处即为针挑点（图 8-4-8）。

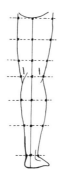

图 8-4-8　下肢针挑点

（11）足部。①十宣穴：10 个趾头近甲处中央各取 1 个挑点，共 10 个点。②甲角穴：10 个趾头甲角左右各取 1 个挑点，即甲角穴（图 8-4-9）。

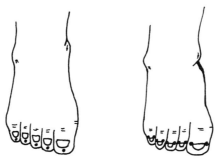

图 8-4-9　足部针挑点

三、治疗方法

（一）用物准备

不锈钢缝衣针（以长 5～8 cm 为宜）或三棱针、无菌棉球、75％酒精、灭菌橡胶手套。

（二）治疗体位

针挑疗法强调治疗时的体位，目的：一是保证能正确取穴；二是方便针挑；三是有利于掌握针挑时的角度，放松肌肉，避免针挑进皮下时针体方向偏移；四是使患者舒适安稳；五是防止患者晕针。临床常用的体位一般以卧位和有倚靠的坐位为主。

（1）仰卧位。适用于前身部反应点。

（2）俯卧位。适用于后身部反应点。

（3）侧卧位。适用于侧身部反应点。

（4）仰靠坐位。适用于头面、前颈、上胸、肩臂、腿膝、足踝等部腧穴。

（5）俯伏坐位。适用于顶枕、后项、肩背腰部反应点。

（6）侧伏坐位。适用于顶颞、耳颊等部反应点。

（7）屈肘仰掌位。适用于肩臂、前臂屈侧面、手掌部反应点。

（8）屈肘俯掌位。适用于肩臂、前臂外侧面、腕掌部反应点。

（9）屈肘侧掌位。适用于肩臂、前臂外侧面、腕掌部反应点。

（三）操作步骤

1. 施术前准备

选好针挑点后，选用 2％碘酊或 75％酒精消毒。

2. 持针

持针的手指不能拿在针体的过前或过后部位，以免污染针尖，或导致下针时用力不均而影响疗效。一般用右手拇指、食指、中指三个指头捏在距针尖 3～4 cm 处，无名指在针尾上部支持和调节运针。

3. 行针

初下针时，持针要稳定，用力要均匀，不可用力太猛。以针头与皮肤呈 15°～30°角下针为适宜。

4. 挑针

针尖挑着皮下纤维后，可适当用沉劲以无名指压低针尾上部，提高针尖向上挑起，然后慢慢摇摆针体，将皮下纤维挑出。挑完第一挑点再挑第二挑点，每个挑点务必挑尽纤维。针挑时如遇到出血，可用无菌干棉球把血抹净，再继续进行针挑。如挑出的纤维较多且不易挑断时，可用小刀割断，随挑随割。

5. 挑皮肤异点或挑点

一般运用浅挑、深挑、疾挑、慢挑、轻挑、重挑、跃挑、摇挑等基本手法。就针挑方式而言，有点挑、行挑、丛挑、环挑、散挑、排挑等。不管采用何种挑法，均以疾进疾出（慢挑除外）、挑断表皮或皮下部分组织、针孔能挤出少许血液为要。医者要集中精神，眼明手快，用力均匀，且按照针挑部位的具体情况有条理地进行，不需挑出纤维，只挑破皮肤或挑出微血即可。此法操作比较方便，但须医者技术熟练。

（1）针挑手法。

①浅挑：指用浅挑轻取的方法，轻挑患者的浅层皮肤，不必挑取纤维。多用于治疗皮肤麻木不仁等症。

②深挑：指用深取重挑的方法，挑取患者皮下组织的深层纤维。多用于治疗羊毛痧、小儿疳积、风湿关节僵直等症。

③疾挑：指用匀称迅疾起落的方法，只挑破患者的浅层皮肤。多用于治疗皮肤麻木不仁或肌肉跳动等症。

④慢挑：指用缓慢的方法，反复挑取患者皮下组织的纤维。此法常与深挑、重挑等手法配合进行，多用于治疗羊毛痧、风湿病引起的筋肉挛痹等症。

⑤轻挑：指用轻巧的方法，浅刺轻挑患者皮肤。此法常与浅挑、疾挑、跃挑等手法配合进行，多用于治疗神经衰弱、皮肤麻木不仁或对针挑有敏感的患者。

⑥重挑：指用沉重的方法，反复挑取患者皮下组织的深层纤维。此法常与深挑、慢挑等手法配合进行，多用于治疗筋骨挛痹等痼疾。

⑦跃挑：指用匀称而疾落疾起的挑法，跃挑患者的皮肤。这种手法与点刺很相似，但点刺只刺不挑，而跃挑则既点刺又挑，且操作要快。此法常与浅挑、轻挑、疾挑等手法配合进行，多用于治疗皮肤麻木不仁、肌肉萎缩、筋脉痹痛等症。

⑧摇挑：指在深挑时加以摇摆，或慢挑、重挑时加以摇摆，将挑起的纤维慢

慢挑引出来。此法常与深挑、慢挑、重挑等手法配合进行，多用于治疗风湿性疾病、陈旧性跌打损伤引起的皮下组织纤维枯槁、羊毛痧等。

（2）针挑方式。

①点挑：即单针挑一点。

②行挑：即按照纵向线上的穴位或等距离取点，针挑成行。

③丛挑：即针挑三点成品字形或五点成梅花形。

④环挑：即按照封闭线等距离取点，针挑成环状。

⑤散挑：即按照不规则的分散取点进行针挑。

⑥排挑：即按照横向线上的穴位或等距离取点，针挑成一排。

四、注意事项

（一）治疗前

（1）仔细检查患者，明确临床诊断，确定是否为针挑的适应证，有无禁忌证等。最后根据病情确定穴位或挑点。

（2）针挑治疗室应宽敞明亮，室温适宜，空气流通，要注意让患者保暖，尽量少暴露患者身体。

（3）根据针挑的需要，准备好长短粗细合适的针挑针，并检查针体有无缺损、弯曲，针尖有无钩刺现象。嘱患者选择舒适并有利于医者操作的体位，最好取卧式或坐式体位。

（4）操作前应进行严格消毒。医者的手指（若指甲长应先行剪去）先用小毛刷蘸药皂洗干净，再用酒精（或碘酊）棉球涂擦消毒。然后用酒精（或碘酊）棉球挟住针体擦拭数次，最后用酒精（或碘酊）棉球涂擦消毒患者准备进行针挑的部位（或穴位），以防止感染。

（5）操作前应向患者解释针挑疗法的目的、注意事项、操作过程，以缓解患者的紧张情绪，取得患者配合，防止患者晕挑，同时解除其恐惧心理，增强其治疗信心，使患者更好地与医者合作，以提高治疗效果。

（二）治疗中

（1）在针挑过程中尽量避免让患者看到施术情况，以免其产生恐惧心理。

（2）挑治接近动脉大血管的部位时，医者应先用左手将皮肤捏起。

（3）在进行针挑时，必须注意患者的感觉反应，注意询问患者有无头晕、恶心，并观察其面部颜色有否改变，特别要注意身体衰弱的患者，以防其发生晕针。

（4）每个挑点挑到一定深度，经过 3～5 次深挑，已无纤维挑出而有血渗出时，即示这一挑点针挑完毕。挑毕的挑点需涂碘酊消毒，再挑下一个挑点（图8-4-10）。

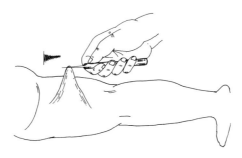

图 8-4-10　下肢挑治

（三）治疗后

（1）针挑后的伤口要做好消毒。涂药（红汞或碘伏）后敷贴保护。一般不要用胶布直接封贴针口，否则容易造成渗液难干而引起感染，最好垫以消毒小棉垫，再贴胶布，或贴立得贴。

（2）出现血肿、瘀斑等皮下出血情况，应该向患者做好解释工作，一般不用做特殊处理。

（3）如属挑脂、挑灸、挑药者，最好嘱其定期来复查伤口。

（4）针挑面、颈部位后，不宜过早吃乌鳢，以免造成针口疤痕增生。

五、禁忌证

（1）有血友病史或有全身性出血倾向的患者。

（2）体质太虚弱或神经过敏的患者。

（3）不能忍受针挑刺激而易晕针的患者。

（4）孕妇及严重心脏病患者。

（5）患恶病质或极度消瘦者。

（6）婴幼儿。

（7）急性传染病患者。

（8）患传染性皮肤病、皮肤过敏、有溃疡破损、极度虚弱者慎用，不愿接受针挑治疗者慎用或不用此疗法。

第五节　壮医莲花针拔罐逐瘀疗法

壮医莲花针拔罐逐瘀疗法以壮医理论为指导，以祛瘀为功效亮点，将莲花针扣刺、拔罐、药酒善后有机融合，先以独特的壮医莲花针刺破"三道两路"在体表的网结，再施拔罐吸除瘀血、余毒，最后以壮医通路酒涂擦刺拔部位，以助活血通路，阻止外邪侵袭。此疗法融汇了穴位叩刺、放血、负压拔罐和药物作用四重效应于一体，取穴简单，多以局部及背部为主，部分疾病仅在局部进行治疗就能获效，具有简、便、廉、验等优点。

一、适应证

壮医理论认为，能运用莲花针拔罐逐瘀疗法治疗的病证有实证、虚证、热证、瘀证、痛证，目前临床应用莲花针拔罐逐瘀疗法多治疗实证。对因风寒湿毒痹阻"三道两路"所致的四肢关节痹痛、腰膝酸软、手足麻木等症，如风湿性关节炎、骨质增生、肩周炎、颈椎病、跌打损伤等，以及因毒瘀痹阻"三道两路"所致的各种皮肤病，如带状疱疹后遗神经痛、湿疹、痤疮等，都有独特疗效。无论虚证、实证，必先刺血拔罐疏通经络，然后再调虚实。

二、部位选择

（一）循路叩刺

循路叩刺是指沿着龙路、火路循行路线叩刺。如项背腰骶部的夹脊叩刺为常用的循路叩刺（图8-5-1）。从中线向外侧依次为龙脊、近夹脊、远夹脊。

举例：夹脊。

位置：分属天部、人部、地部，在背部脊柱两旁。

取穴：分近夹脊和远夹脊两类穴位群。背部脊柱（后正中线）旁开1.5寸为近夹脊，左、右各1行，每个椎骨棘突下凹陷旁为1穴，颈近夹脊7穴，胸近夹脊12穴，腰近夹脊5穴，骶近夹脊5穴。从胸椎至骶椎，平肩胛骨内缘竖线（后正中线旁开3寸）上的穴位为远夹脊，胸远夹脊12穴，腰远夹脊5穴，骶远夹脊5穴。

作用：通调谷道、水道、气道及龙路、火路。

主治：各种病证。

操作：莲花针法叩刺。

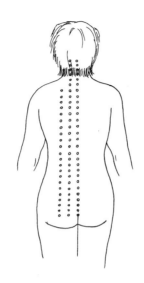

图 8-5-1　夹脊循路叩刺

（二）循点叩刺

根据"三道两路"在体表的穴位主治证进行叩刺，常用于各种特定穴，包括天部穴位、人部穴位、地部穴位三大类。最常以患部及背部取穴，患部使用梅花、莲花、葵花、长子、膝关等穴，背部使用背廊、夹脊、龙脊、项棱、背八等穴。临证遵循"寒手热背肿在梅，痿肌痛沿麻络央，唯有痒疾抓长子，各疾施治不离乡"的取穴原则。

举例①：龙脊。

取穴：从颈椎至尾椎，每个椎骨棘突下凹陷中为 1 穴，颈龙脊 7 穴，胸龙脊 12 穴，腰龙脊 5 穴，骶龙脊 5 穴。

作用：通调谷道、水道、气道及龙路、火路。

主治：各种病证。

操作：莲花针法叩刺，宜轻叩。

举例②：莲花。

取穴：在肿块或体表局部皮肤损害处，根据皮肤损害或肿块的形状和大小，沿其周边及上面选取 1 组呈莲花形的穴位。

作用：祛风止痒，消肿止痛，软坚散结。通调龙路、火路。

主治：比较顽固的皮肤损害性疾病、肿块性疾病、痛证，如顽癣、脂肪瘤、偏头痛等。

操作：莲花针法叩刺（图8-5-2）。

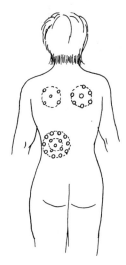

图 8-5-2　莲花针法叩刺

举例③：长子。

取穴：询问患者，在皮肤损伤处以最早出现的疹子为穴位。如果无法分辨最早出现的疹子，则以最大的几个疹子为穴位。

作用：祛风止痒，消肿止痛，软坚散结。通调龙路、火路。

主治：皮肤损害性疾病和肿块性疾病。

操作：莲花针法叩刺（图8-5-3）。

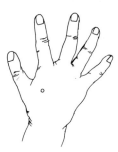

图 8-5-3　长子叩刺

（三）局部叩刺

取局部病变部位进行散刺、围刺，用于治疗跌打损伤的局部瘀肿疼痛、顽癣等。

三、治疗方法

（一）治疗前准备

1.环境准备

治疗室保持干净整洁，空气新鲜，光线充足，室内温度保持在 22 ～ 25 ℃，冬天若无暖气应设置火炉，注意防止患者因脱衣着凉而感冒。

2.用物准备

（1）操作前应检查好针、罐。莲花针必须无钩无锈，针根必须牢固，以防叩刺时滑动。对弯曲、锈蚀、有钩等不符合要求的莲花针应剔除不用。根据具体治疗部位选择大小合适的真空抽气罐，如治疗肌肉较丰满、施治面积较宽者，可选用较大的抽气罐，反之选择较小的抽气罐。

（2）备好抽气枪及足够数量、型号齐全、经严密消毒的真空抽气罐，一次性莲花针 1 支、治疗盘（内放棉签 1 包、茂康碘 1 瓶、治疗巾 1 张）1 个、弯盘（内放无菌纱布数块）1 个、壮医通路酒 1 小瓶、一次性手套 1 副、中单或大浴巾 1 条、装有消毒液的水桶 1 个。

3.患者准备

（1）了解患者相关情况，如既往史、当前症状、发病部位及相关因素。

（2）向患者做好解释工作，消除其紧张情绪，取得患者的配合。

（3）取患者合理体位（一般取坐位或者卧位），协助患者松开衣着，暴露施术部位，方便操作。

（二）操作流程

（1）备齐物品携至患者身旁。

（2）按发病部位选择合适的治疗部位。

（3）用无菌纱布清洁治疗部位皮肤。

（4）用茂康碘消毒治疗部位，消毒面积直径大于治疗部位 1 ～ 2 cm。

（5）叩刺方法。根据患者的病情及疼痛承受能力使用不同力度进行叩刺。用一次性无菌莲花针叩击相应部位或穴位，每穴叩刺 1 min 左右，以刺破龙路、火路网络分支，使之形成比罐口略小的梅花形状。具体方法为以右手握莲花针针柄尾部，食指在下，拇指在上，针尖对准叩刺部位，用腕力借助针柄弹性将针尖叩打在皮肤上，反复进行，以局部微微渗血为度。注意清洁消毒，防止感染。局部皮肤有创伤、溃烂者，不宜叩刺。

用莲花针叩打皮肤时，需注意掌握叩打手法。临床根据叩打的力度、局部皮肤出血情况及患者疼痛程度，将手法分为轻、中、重三种。其中轻手法的刺激量最小，指用较轻腕力进行叩打，以局部皮肤潮红、患者无疼痛或稍感疼痛为度，适用于老人、儿童以及虚弱患者，头面等肌肉浅薄处亦宜用轻手法；中手法的刺激量适中，介于轻、重手法之间，指用中等腕力进行叩打，以局部皮肤明显潮红但局部无渗血为度，适用于一般疾病及多数患者；重手法的刺激量最大，指用较重腕力进行叩打，叩至局部皮肤隐隐出血为度，适用于壮者、实证及肌肉丰厚处（图 8-5-4）。

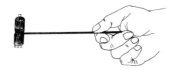

图 8-5-4　莲花针叩打手法

（6）拔罐留罐。莲花针叩刺完毕后，紧接着用罐具对准叩刺部位吸拔逐瘀。拔罐器具可选用壮医竹罐、壮医陶罐、玻璃罐、抽气罐等，其中最常用的是抽气罐，因其使用方便，易于观察，吸拔效果较好。具体方法为左手将气罐扣压在叩刺部位，使罐口围住叩刺部位，右手持抽气枪连接罐气嘴进行抽气，使罐内形成负压（负压强度以患者耐受能力为度），然后撤枪，留罐 10 ～ 15 min，盖上大浴巾。若病情轻或于面部拔罐，可行闪罐，不必留罐（图 8-5-5）。

图 8-5-5　抽气罐吸拔逐瘀

（7）起罐清洁。拔起气罐活塞，将罐向一侧倾斜，让空气进入罐内，同时让瘀血流入罐内，慢慢将罐提起，放入消毒过的水桶中，并用无菌纱布或棉球擦拭拔罐部位，防止瘀血流下污染患者皮肤和衣服。起罐完成后，再次用清洁纱布清洁拔罐部位皮肤。

（8）药酒善后。用壮医通路酒或具有活血化瘀作用的药酒涂擦拔罐部位皮肤，可活血化瘀、消毒，提高疗效。壮医通路酒是由多种壮药精制而成的药酒，具有活血化瘀、调气止痛、温通"三道两路"等功效，配合壮医莲花拔罐逐瘀疗法，常用于拔罐结束后涂擦患处。壮医通路酒的特点是不但对叩刺伤口无刺激，而且涂擦后有非常舒服的感觉。

（9）治疗间隔与疗程。注意中病即止。轻病或体质虚弱的患者尽量少用泻法，泻1～2次病已痊愈者不宜再泻。对一般慢性病的治疗，每日1次，也可隔日1次，7次为一小疗程；以后隔日1次，15次为一大疗程。经一大疗程后，可休息半个月，然后继续治疗。对于急性病的治疗，如不计算疗程，可以每隔几小时治疗1次，直至病情好转后再改每日或隔日治疗1次。临床实际运用时应根据病情灵活掌握治疗间隔与疗程。

（10）治疗结束后协助患者整理衣着，整理床单，为患者安排舒适的体位，并嘱患者稍作休息。

（11）用过的莲花针应丢置于利器盒内；抽气罐应放于含氯消毒液中浸泡消毒30 min，再用清水洗干净晾干后备用。

四、注意事项

（1）治疗前应详细询问患者病史，仔细检查，配合壮医五诊，尽量求得较明确的诊断。这既有利于治疗，又便于今后总结及避免医疗事故的发生。

（2）施术前需让患者稍作休息（一般休息10 min即可），消除紧张情绪，使全身肌肉放松，方可施治。否则患者可能会因情绪紧张、肌肉不放松而影响治疗效果。疲劳过度的患者也不要立即施治，要先休息，恢复常态后再予施治。

（3）要根据患者的体质、性别、年龄及病情等来选择最佳的叩刺手法。施术时需要避免下列不正确的针法。

①压刺法：即在叩打时起针动作缓慢，下针后，针停留在刺激部位的时间过

长。此针法易导致出血，同时也会给患者带来不必要的疼痛。其因主要是没有运用腕力叩刺，或误用肘关节的力量叩刺。为避免压刺的产生，医者应经常练习用腕力叩刺，熟练手法，方不致误。

②斜刺法：医者在持针时，手没有固定好针柄，在叩刺时针与刺激部位不垂直。此针法会增加患者的疼痛，针的歪斜也易导致出血。其因主要是医者手法不够熟练，故亦要求医者熟练手法。

③带刺法：在叩刺时把刺激部位的皮肤钩住，致使叩刺不自如。此针法会增加患者局部的疼痛，有时也会损伤皮肤或使局部出血。其因主要是个别针具有带钩现象，故应经常检查针具，若发现有带钩的针，应修理后再用或进行更换。

（4）莲花针叩刺需使用腕力，并借助针柄弹性轻轻叩击，用力均匀，叩刺范围应小于罐口。对于过多的刺激部位、过大的刺激面积，可适当协调，轮换施治，不必一次全部治疗，以策安全。

（5）留罐时间不宜过长。

（6）施术时要注意室内环境和气温，避开风口，以免患者因受凉而加重病情，影响治疗。患某些疾病（如高血压）者，应在安静的室内进行治疗，以免影响患者情绪，进而影响治疗效果。

（7）根据病情的轻重缓急，注意在治疗过程中及间隔时期观察有效的刺激部位，同时在病历和病情记录上尽量详细记录。

（8）对应刺部位的患者皮肤和使用针具，施术前要进行常规消毒，莲花针要每位患者1支，防止交叉感染。同时，施术前要检查针具，针尖必须平齐、无弯钩、无锈蚀。

（9）初次接受治疗的患者及幼儿患者宜用轻刺法，以后再根据病情逐渐加重手法。

（10）在施治时要关心患者，严肃认真地小心操作，切忌麻痹大意，并随时询问患者的感觉。如发现异常情况，应及时变换叩刺手法或中止治疗进行观察，并加以必要的处理。

（11）叩刺时要注意按叩刺方向和顺序进行，以免倒置或疏密不均，叩刺后应嘱患者休息数分钟后再离开，以免在途中发生意外。

（12）手法快慢、刺激强度要根据病情、体质和叩刺部位决定。一般用轻刺法或正刺法，以皮肤没有红晕或不出血为宜；用重刺法时，应以轻微出血为度；对于体质虚弱、贫血以及有心脏病的患者，操作手法要快些、轻些；初诊时叩刺面积不应太大，之后逐渐扩大。

（13）患儿要由家长照顾或抱好，以免其因哭闹而移动身体位置；同时，医者也要随时变换姿势，以适应操作需要。在叩刺过程中密切观察患者表情，并亲切询问是否能承受，以患者能承受为度。如患者出现晕罐，立即停止治疗，并根据病情进行抢救。

（14）对颜面穴位、肌肉浅薄处、女性患者、儿童患者及虚证患者的叩刺宜采取轻手法刺激。

（15）对久治不愈的患者，应研究刺激的部位、强度、间隔时间等是否恰当，必要时可配合其他疗法或进行会诊，制定新的治疗方案，以免延误患者的治疗。

（16）在治疗时应注意患者与医者体位的配合，否则会影响治疗的效果及妨碍叩刺操作的发挥，同时也给患者的治疗带来不必要的影响。患者体位既要舒适，又要便于操作。

（17）术后交代患者，如皮肤出现小水疱，可不必处理，待其自行吸收；如水疱较大，应消毒局部皮肤后，用注射器吸出液体，覆盖消毒敷料；嘱患者施术完毕 6h 后可用温水冲洗施术部位，避免冷水或化学制品刺激。

五、禁忌证

（1）孕妇禁用。

（2）有出血性疾病和凝血功能障碍者禁用。

（3）高热抽搐者禁用。

（4）存在严重脏腑功能损害者禁用。

（5）存在皮肤溃疡、疤痕、高度水肿及浅表大血管处禁用。

（6）传染性疾病患者禁用。

（7）急腹症患者禁用。

（8）醉酒者禁用。

（9）存在明显虚证或体质虚弱的患者慎用。

（10）过度疲劳、饥饿或精神高度紧张者慎用。

六、临床应用举例

（一）腰痛

1.取穴

腰龙脊（诸腰椎棘突下各有1穴）、骶龙脊（诸骶椎骨棘突下各有1穴）、委中（下肢后侧膝弯腘横纹正中点处）、肾俞、后溪、夹脊、脐环穴及阿是穴。

2.配穴

急性腰扭伤加承山、人中、中渚，腰肌劳损加髋关穴（髋关节外侧作扇形半环，环线上均是穴，一般取3穴）、骶鞍环穴（在骶部沿骶骨外缘作横鞍状环，环线上均是穴，图8-5-6）。

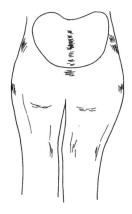

图 8-5-6　骶鞍环穴

3.具体操作

腰椎间盘突出者：针肾俞，用吐纳补法，4次。针委中，用吐纳泻法，3次。针脐内环穴，平补环跳、承山、髋关穴、骶鞍环穴。

平泻：取骶鞍环穴、肾俞、环跳或阿是穴，以莲花针拔罐逐瘀法施治。

（二）颈椎病

1.取穴

项棱（在与脊柱平行的两条棱线上，每侧7穴，共14穴）、龙脊（从颈椎到尾椎，每个椎骨棘突下凹陷中为1穴，图8-5-7）、夹脊（胸龙脊穴旁开1.5寸和3寸各2行，共48穴）、肩井及阿是穴。

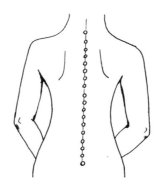

图 8-5-7　龙脊

2. 具体操作

先用莲花针叩刺相应穴位，刺激强度以患者能够耐受为度，每穴叩刺 20 次，以局部微微渗血为宜。然后在叩刺穴位上拔罐，留罐 5 ～ 10 min，起罐后以壮医通路酒涂擦拔罐部位。隔日 1 次，5 次为 1 个疗程，共治疗 2 个疗程。

（三）带状疱疹后遗神经痛

1. 取穴

局部葵花（在患者自觉疼痛处皮肤反应点及其邻近部位选取一组穴位）、脐内环穴、血海、内关、神门、三阴交等穴。

2. 操作方法

用莲花针拔罐逐瘀法，在疼痛处进行局部消毒后，运用莲花针叩刺至微微渗血，再用真空抽气罐进行拔罐，留罐 5 ～ 15 min 后起罐，以壮医通路酒外擦拔罐部位。每周 2 ～ 3 次，10 次为 1 个疗程。

第六节　壮医刺血疗法

壮医刺血疗法是用专业针具刺入人体的穴位、病灶处、病理反应点或浅表血络，运用挤压或拔罐等方法放出适量血液，从而达到治疗疾病目的的一种外治法，故又称壮医放血疗法。

一、适应证

壮医刺血疗法的适应证广泛，主要用于火毒、热毒炽盛的阳证、热病，如痧症、外感发热、跌打损伤瘀积、昏厥、中暑、急性货烟妈（咽炎）、目赤肿痛、腰腿痛等；也用于治疗部分虚证、久病；还可以治疗和辅助治疗内科、外科、妇科、儿科、五官科等的多种疾病。

（1）内科疾病。龙路火路病（头痛、胸痛、胁痛、腰痛、腿痛、吐血、抽筋）、痧病、毒病（药物中毒、食物中毒）、湿病（疟疾、黄病、风湿病）、气道病（伤风、咳嗽、哮喘）、谷道病（呕吐、泄泻、红白痢疾、呃逆、心头痛、腹痛）、水道病（浮肿、小便不通）、巧坞病（失眠、头晕、偏瘫、癫狂）。

（2）外科疾病。疖、臁疮病、乳痈、肠痈、膝结毒、骨臁、丹毒、腮腺炎、风疹、顽癣、湿疹、带状疱疹、痤疮、虫蛇兽毒、痔疮、盲肠炎、冻疮、落枕、破伤风。

（3）妇科疾病。月经病（月经不调、血山崩、痛经）、白带病、妊娠病（胎气上逆、滞产）、产后病（产后血晕、产后缺奶）。

（4）儿科疾病。麻毒、小儿麻痹后遗症、小儿泄泻、小儿疳积、厌食症、惊厥（急惊风、慢惊风）、小儿夜哭、小儿虚弱、谷道虫症。

（5）五官科疾病。急性血性结膜炎、鼻衄、鼻渊、牙痛、口疮、咽喉肿痛。

（6）急症。昏迷、休克、中暑、晕车、晕船、煤气中毒、电击。

二、部位选择

（一）近部取穴

近部取穴是指在病痛的局部和邻近部位取穴位。凡症状在体表部位反映较为明显和较为局限的病证，均可按近部取穴原则选取穴位，予以治疗。例如眼病取攒竹、风池等穴，鼻病取迎香、巨髎等穴，面瘫取颊车、地仓等穴，心头痛取中脘等穴，以及肿块取患部梅花穴，癣或皮疹类疾患取病灶局部莲花穴等，皆属于近部取穴。

（二）远部取穴

远部取穴是指在距离病痛较远的部位选取穴位，以腧穴的远治作用为依据。远部取穴运用非常广泛，临床上多选择肘膝以下的穴位进行治疗。在具体应用时，既可取病变脏腑经脉的本经腧穴（本经取穴），也可取病变脏腑经脉相表里的经脉上的腧穴（表里经取穴）或名称相同的经脉上的腧穴（同名经取穴）进行治疗。例如，咳嗽、咳血为肺系疾病，可选取手太阴肺经的尺泽、鱼际、太渊等穴（本经取穴），也可选择足太阴脾经的太白穴（同名经取穴）；心头痛属胃的病证，可选取足阳明胃经的足三里，同时可选取足太阴脾经的公孙穴（表里经取穴）；面部疾患选取合谷，目赤肿痛取行间，久痢脱肛取百会，均为远部取穴的具体应用。

（三）随证取穴

随证取穴也称为经验取穴，对于个别突出的症状或病证，可以结合临床经验选穴，如发热可取大椎、曲池等穴，痰多取丰隆等穴。

三、治疗方法

（一）治疗前准备

1. 环境准备

治疗室保持整洁、空气新鲜，光线充足，室内温度保持在 22 ～ 25 ℃，冬天无空调应设置火炉，注意防止患者因脱衣着凉而感冒。

2. 用物准备

一次性三棱针（皮肤针或其他针具如缝衣针、陶瓷针等均可）1 支（图 8-6-1）、治疗盘（内放棉签 1 包、茂康碘 1 瓶、治疗巾 1 张）1 个、弯盘（内放无菌纱布数块）1 个、一次性手套 1 副。

图 8-6-1　三棱针

3. 患者准备

（1）了解患者相关情况，如既往史、当前症状、发病部位及相关因素。

（2）向患者做好解释工作，消除其紧张情绪，取得患者的配合。

（3）取患者合理体位，协助患者松开衣着，暴露施术部位，方便操作。壮医刺血疗法在临床上常用以下体位（图 8-6-2）。

①仰卧位：适宜于取头、面、胸腹部的腧穴和上肢、下肢的部分腧穴。

②侧卧位：适宜于取身体侧面的少阳经腧穴和上肢、下肢的部分腧穴。

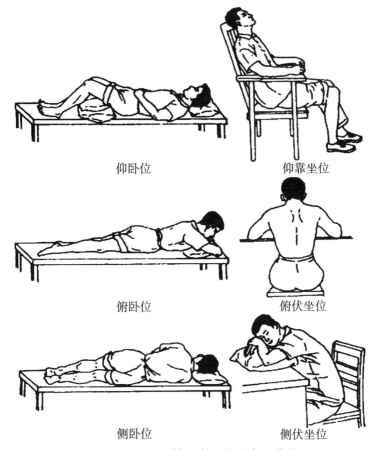

仰卧位　　　　　　　　　　仰靠坐位

俯卧位　　　　　　　　　　俯伏坐位

侧卧位　　　　　　　　　　侧伏坐位

图 8-6-2　壮医刺血疗法临床常用体位

③俯卧位：适宜于取头、项、脊背、腰、尻部的腧穴和下肢背侧及上肢部分腧穴。

④仰靠坐位：适宜于取前头、颜面、颈前等部位的腧穴。

⑤俯伏坐位：适宜于取后头、项、背部的腧穴。

⑥侧伏坐位：适宜于取头部一侧、面颊、耳前后部位的腧穴。

（二）操作流程

（1）备齐物品携至患者身旁。

（2）按发病部位选择合适的刺血部位。

（3）用无菌纱布清洁治疗部位皮肤。

（4）医者的手在施术前要用肥皂水洗刷干净或用酒精棉球涂擦后，戴一次性无菌指套，才能持针操作。在病人需要刺血的皮肤上用茂康碘进行消毒，消毒直径大于施术部位 1～2 cm。

（5）持针。右手拇指、食指二指持针，中指夹住针尖部，露出针尖 1～2 cm。

（6）刺血方法。临床上刺血方法多种多样，代表性方法有点刺法、散刺法、叩刺法、挑刺法、针罐法等。

①点刺法。

A. 直接点刺法：先在针刺部位揉捏推按，使局部充血，然后右手持针，以拇指、食指二指捏住针柄，中指端紧靠针身下端，留出针尖 0.1～0.2 寸，对准已消毒的部位迅速刺入。刺入后立即出针，轻轻挤压针孔周围，使出血数滴，最后用消毒棉球按压针孔即可。此法适用于末梢部位，如十二井穴、十宣穴及耳尖等（图 8-6-3）。

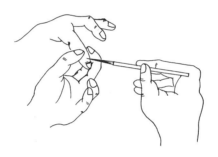

图 8-6-3　直接点刺法

B. 挟持点刺法：左手拇指、食指捏起被针穴处的皮肤和肌肉，右手持针刺入 0.5～1 寸深。退针后捏挤局部，使之出血。常用于攒竹、上星、印堂等穴的刺血（图 8-6-4）。

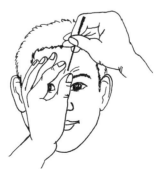

图 8-6-4　挟持点刺法

C.结扎点刺法：先用一根橡皮带结扎被针部位上端，对被针部位进行局部消毒后，左手拇指压在被针部位下端，右手持针对准被针部位的脉管刺入，然后立即退针，使其流出少量血液。出血时，可轻按静脉上端，以助瘀血排出，使毒邪得泄。待出血停止后，将橡皮带松开，用消毒棉球按压针孔。此法常用于肘窝、腘窝及太阳穴等处的浅表静脉，以治疗中暑、急性腰扭伤、急性淋巴管炎等（图8-6-5）。

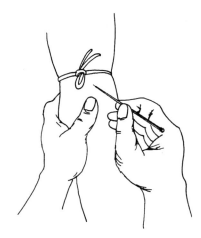

图 8-6-5　肘窝结扎点刺法

②散刺法。根据病变部位大小的不同，用三棱针在病灶周围多点刺之，使其出血，以消除瘀血或水肿，达到活血化瘀、通经活络的作用。此法多用于局部瘀血、肿痛、顽癣等（图8-6-6）。

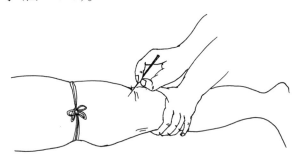

图 8-6-6　三棱针散刺法

③叩刺法。此法是在散刺法基础上的进一步发展，所用针具为皮肤针（梅花针、七星针）。操作时，以右手握住针柄后端，食指伸直压在针柄中段，利用手腕

力量均匀而有节奏地弹刺、叩打一定部位。刺血所要求的刺激强度宜大，以用力叩击至皮肤上出血如珠为度。此法对某些神经性疼痛、皮肤病有较好的疗效（图8-6-7）。

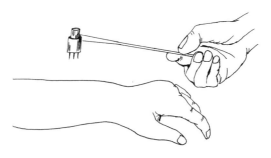

图 8-6-7　前臂叩刺法

④挑刺法。此法操作时以左手按压施术部位两侧，使皮肤固定，右手持三棱针或粗圆针，将腧穴或反应点挑破出血；或深入皮内，将部分纤维组织挑出或挑断，并挤压出血。术后以碘伏消毒，敷上无菌纱布，用胶布固定。对一些惧怕疼痛的患者，可先用 0.5% 利多卡因少许打一皮丘，再行挑治。常用于治疗目赤肿痛、丹毒、乳痈、痔疮等疾病（图8-6-8）。

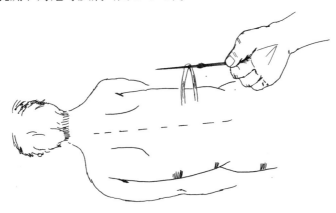

图 8-6-8　腰部挑刺法

⑤针罐法。即针刺后加拔火罐放血的一种治疗方法。多用于躯干及四肢近端能扣住火罐处。操作时，先以三棱针或皮肤针刺局部见血（或不见血），再拔火罐。一般留火罐 5 ～ 10 min，以火罐内吸出一定量的血液为度。本法适用于病灶范围较大的丹毒、神经性皮炎、扭挫伤等疾病的治疗（图8-6-9）。

图 8-6-9　针罐法

⑥割点法。以小眉刀或手术刀切割患者穴位皮肤、黏膜或小静脉，放出适量血液，然后盖以消毒敷料即可。割点切口一般长 0.5 cm 左右，小静脉则以割破 1/3 为度。

（7）出血量。

①微量：出血量在 10 滴以下，包括局部充血、渗血，主要用于治疗较大面积浅表疾患，如顽癣、裤口毒等。

②少量：出血量在 10 滴以上，主要用于头面及四肢（趾）部穴位和治疗急性热病，如咽喉肿痛、红眼病等。

③中量：出血量在 10 ml 以下，主要用于治疗外科感染性疾病及部分急症，如疔、疖、痈疽等。

④大量：出血量在 10 ml 以上，多至几十甚至上百毫升，可用于治疗部分急症，如中风、癫狂等。治疗时，主张由微量放血开始，根据病情逐步增量。

（8）根据出血颜色及血液状态调整治疗方案。

①观察血液颜色。如刺血呈深红色，疾病多属于热证，可分外伤、内伤辨证，外伤多由气血结聚，内伤多因瘀血阻滞龙路；如刺血呈淡红黄色，多为风湿痹症；如刺血呈青紫色，多因寒邪入里，侵犯人体的"三道两路"，伤脏腑损机能所致。

②观察血液状态。如血质清稀多为血虚；如血质沉凝多为实证；如出血缓慢，

多因气血亏虚，瘀血阻于脏腑，气血循环不归龙路，治疗时应以放气活血为主；如血出急促，多为热毒盛，应以放邪气为主，兼刺血泄热。

③其他情况。如刺血出现脓血，多因伤后恶毒犯内，治疗中应以刺脓排毒为主；如刺血出现黏性白液，多为小儿疳积，水道、谷道运化失调，气血机能不畅，火路供血不足所致；如刺血见透明水液，多为浮肿，应配合药物治疗。

（9）刺血疗程。一般认为，如放血量少，可每日1次或间隔1～2日1次，连续治疗5～8次为1个疗程；如放血量较多，可间隔1周、1个月甚至半年1次。如治疗过程中，患者感觉疲倦无力，出现轻微的头晕、头痛等失血反应时，可以暂停3～5日，待全身症状消失后再继续治疗。对于刺血次数多的患者，在病情趋于好转后，每次治疗和疗程之间的间隔时间可适当延长。

（10）治疗结束后，协助患者整理衣着，整理床单，为患者安排舒适的体位，并嘱患者稍作休息。

（11）用过的针具应丢置于利器盒内，擦拭过血液的纱布应丢置于污物桶内。

四、注意事项

（1）刺血疗法刺激强烈，应向患者解释清楚，取得患者配合。为避免患者晕针，以卧位为佳，一次放血3～5滴为宜。

（2）遵守无菌操作规程，严格消毒。

（3）临床刺血时，必须根据患者的体质状态、气质特点及神气盛衰等情况，确定相应的治疗法则。根据人体的高矮、肥瘦、强弱以及病情的轻重来决定刺血的手法深浅及出血量的多少，切不可盲目放血。

（4）治疗时要注意观察。多询问患者感受，如发现患者晕针，应把其放到床上并抬高其下肢，给予糖水或温开水饮用，并松开其衣扣。

（5）应特别注意防范四季之中最剧烈的气候变化。人与天地相应，与四时相序，故刺血疗疾也因时令而异，如冬至、夏至、春分、秋分最好不要施以针刺，这些时令中疾病易出现转化。

（6）刺血疗法常作为重要的治标方法用于临床。强调治病之法，宜先刺血以缓解其痛苦，同时根据疾病的本质采取相应的治疗。如对各种原因所致的高热、昏迷、惊厥等危症，先以刺血泄热开窍以治其标，再针对发病原因而治本。有条件者应结合现代医学进行急救。

（7）行刺时手法宜轻、快、准，避开大血管部位，进针深浅要适度。

（8）如局部出现血肿，可用手把血挤出，如出血不止，则需进行止血。

（9）中病即止。

（10）刺血后应嘱患者勿暴怒、劳累、饥饿、惊恐，要安静休息，进食有营养的食品，勿食刺激性的食品，以促进身体的康复。

（11）刺血后避免肢体接触冷水，不宜待在温度过低的环境中。

（12）刺血后最好不要进食公鸡、鲤鱼、猪头肉、鹅肉、海鲜等食品。

五、禁忌证

（1）体质虚弱、贫血严重及低血压者慎用或禁用此疗法。

（2）患者过饥、过饱、醉酒、患血液病或出血后不易止血应禁用此疗法。饥饿、疲劳、精神高度紧张者，应进食、休息、解除思想顾虑后再进行治疗。

（3）孕妇、产后妇女及习惯性流产者不宜或慎用此疗法，月经期间不宜用此疗法。

（4）外伤有大出血者，应禁用此疗法。

（5）重度下肢静脉曲张者，不宜或应谨慎使用此疗法；一般下肢静脉曲张者，应选取边缘较小的静脉施术，并应控制出血量。

（6）皮肤有感染、溃疡、瘢痕者，不要直接针刺局部患处，可在周围选穴部位和血管处针刺放血。

（7）危重烈性传染病者和严重心、肝、肾功能损害者，禁用此疗法。

（8）禁止在患者动脉针刺放血。

（9）患血友病、血小板减少性紫癜等凝血机制障碍者，慎用或禁用此疗法。

（10）有自发性出血倾向者，不宜使用此疗法。

六、临床应用举例

（一）急性腰扭伤

急性腰扭伤常发生在使用不正确姿势扛抬或搬运重物时，突然发生腰局部疼痛、压痛明显、活动受限等现象，俗称闪腰。

治疗取穴：主穴为腰阳关或阿是穴，辅穴为委中。

（二）坐骨神经痛

坐骨神经痛的主要临床表现是沿坐骨神经通路发生放散性的烧灼样或刀割样疼痛，夜间及步行时疼痛加重，直腿抬高试验阳性。发病原因很多，有风湿病、腰椎间盘突出、肥大性脊椎炎、骶髂关节炎、椎管内肿瘤等。

治疗取穴：主穴为腰俞、委中，辅穴为委阳、阳交、环跳、丘墟。

（三）跌打损伤

跌打损伤主要指软组织损伤及骨折后遗症，临床表现包括局部肿胀、疼痛及肢体功能活动障碍。

治疗取穴：伤处取阿是穴，胸胁部外伤取阳交。

（四）肩周炎

肩周炎俗称五十肩、冰冻肩，临床表现早期以疼痛为主，晚期以功能障碍为主。肩部弥散性疼痛可向颈部和背部放散，日轻夜重，活动后疼痛反能减轻，伴有局部广泛的压痛点，外旋、外展动作受限。

治疗取穴：主穴为尺泽、外关，辅穴为阿是穴或肩偶、曲池。

（五）丹毒

丹毒俗称流火。临床症状包括寒战、发热、头痛、全身不适，患肢局部皮肤红赤、灼热、疼痛，附近淋巴结肿大。常反复发作，但少见化脓，多见于下肢。

治疗取穴：主穴为阿是穴或合谷、曲池，辅穴为阳交、委中。

（六）痛经

痛经的主要临床表现是行经前或行经期间下腹部疼痛，严重时伴有恶心、呕吐，甚至昏厥。

治疗取穴：主穴为腰俞，辅穴为曲泽。

（七）毛囊炎

毛囊炎主要指颈部多发性毛囊炎，此病反复发作不愈。

治疗取穴：主穴为大椎、委中、太阳，辅穴为阿是穴。

（八）疖肿

疖痛的临床表现为局部肿痛，常出现圆形突起的小硬结节，有的可见白色脓头，3～5日后溃破出脓，脓溃后逐渐愈合。中医称热毒疖。

治疗取穴：阿是穴或委中。成脓时可直接刺疖肿上出脓。

第七节　壮医火针疗法

壮医火针疗法是使用特制的针具，待烧红针体后按一定刺法瞬间刺入腧穴或特定部位以治疗疾病的一种方法。其借助火力和温热刺激，通过温阳扶正、祛寒散邪、疏通气血而达到治疗目的，属于温通疗法的范畴。

一、适应证

火针疗法适用于各种风湿痹病引起的关节红肿、疼痛，细菌、病毒引起的局部组织红肿，陈旧性外伤所致的局部瘀血，淋巴结核，关节囊肿等。

二、部位选择

火针疗法临床治疗疾病注重辨病与辨经，其选穴方法有"以病定腧""以痛定腧"及"以经定腧"三种，并可结合西医学神经节段分布选取相应腧穴。

（一）以病定腧

（1）肿块类疾病。指那些分布在体表或体内，以局部肿块为主要体征的一类疾病。根据肿物结构不同，可分为实质性、囊性、脓性及弥散性水肿等。

对于实质性肿块，进行火针治疗时大都选择肿物基底部为穴，根据肿物大小，分别取基底上、下、左、右各4穴与肿物中心1穴，如瘰疬硬结期结块大者，在结块基底选2～4穴，用中号点刺火针向其中刺，再选肿物中心1穴垂直刺。

对于囊性肿物，则选囊肿低垂处为穴，用粗火针或火铍针刺，使囊液外流，如筋瘤常选其最低点，用粗火针刺入囊腔，挤压排出囊液，并加压包扎。

对于脓性肿物，早期未成脓者可直刺肿物，如已成脓则按囊性肿物针刺。

对于弥漫性肿胀的选穴较广泛，可选肿胀部分的穴位。

（2）皮肤疾病。即发生在皮肤上的各种皮损、瘙痒、疼痛、疮疡等。

局灶性皮损、痒痛类疾病局灶性病变明确，主要选取病灶局部为穴，即于病灶局部皮损之上，散在一定距离选择若干点，用点刺火针散刺、密刺或浅刺。如带状疱疹早期选择疱疹为穴，神经性皮炎选择皮损之上若干点为穴。

对于全身泛发性皮肤病，大多以活血祛风为主，选用曲池、合谷、列缺、膈俞、中脘、气海、风市、血海、足三里、三阴交、委中等穴，并根据辨证加配相关的穴位。

对于溃疡类疾病，早期多选溃疡周边为穴，围刺溃疡；如溃疡周边疼痛减轻，其中肌肉红活，则选溃疡面上若干点为穴。

对于疮口、窦道、毛孔疾病，选择其孔口为穴，刺入其中，并选择孔口周边若干点，向孔口中心刺。如腋臭选择发病的大汗腺孔为主穴，再于腺孔旁选 2～4 点为配穴。

（3）脏腑病变。此类疾病大都由于脏腑功能失调所致，选穴以与脏腑相关的背俞、腹募及相应夹脊和背部的压痛点为主穴，而原穴、络穴、合穴为配穴。如胃脘痛的治疗常选中脘、梁门、脾俞及腹部或背部的压痛点为主穴，足三里、三阴交、内关为配穴。

（4）官窍病变。主要选官窍周围穴及相应脏腑经脉的穴位，或所过经脉的远端穴。

（5）关节及其周围组织疾病。此类疾病早期以疼痛为主时，多用毫针取远端穴；中后期痛减而以功能障碍为主，则用火针取穴，选局部阿是穴及关节周围的穴位。如肩关节病取肩三针，膝关节痛取膝周七穴等。

（二）以痛定腧

（1）局部压痛点。许多病变都可在其局部寻找到压痛点。注意在寻找压痛点时，按压指力要均匀，要反复对照，仔细观察患者反应，寻找其中痛感最明显的若干个作为进针穴位。注意肌肉、肌腱的起止部是压痛点的好发部位。

（2）远端压痛点。许多病变不但在局部，而且在远端也有反映其病变的压痛点。这些压痛点往往是缓解病变的有效点。如肩关节病变反映在阴陵泉下 1 寸左右的压痛点，肠痛反映在足三里下的压痛点等。

（3）局部的动痛点。即关节运动到某一个位置时，所出现的痛点。此类痛点常要反复活动后确立，固定好体位后选用，对于关节的功能活动有治疗作用。

（4）移痛点。局部压痛点、动痛点相对应的健侧部位，常具有移痛止疼的作用，所以可用其为腧。

（5）局部异物点。即选取病变局部或背部异物为腧，在病变的局部或背部寻找皮下的结节、痣点、条索状物等作为刺激点。如胃病时寻找胃俞、肝俞、膈俞周围皮下的条索状、结节样物为腧。

总之以痛定腧，是火针选穴的重要取穴法之一，临床应用时不要局限在局部压痛点，而应该注意反复比较，以求准确。

（三）以经定腧

以经定腧是指按照经脉循行、经脉与脏腑关系及病因学原理等来选取相关腧穴的方法，是火针疗法选取远端穴位的主要方法之一，是"病腧""痛腧"的主要辅助穴。

（1）以病定经。即根据疾病类别、性质选取有关远端穴。如全身瘙痒症可根据病情取曲池、中脘、膈俞、风市、血海等穴。

（2）以因定经。即根据病变的病因、病机选取有关腧穴。如行痹关节窜痛，其因为风邪盛，可取祛风之风府、风市等穴。

（3）以部位定经。即根据病变的部位，选取经过病灶的有关经脉的远端穴。如颈椎病取足少阳胆经上的绝骨。

（四）神经节段分布取穴

脊神经的节段性分布对针灸的取穴也有指导作用，如均是下肢疼痛症，若前面痛则加取腰2、腰3夹脊，若小腿外侧痛则加取腰5夹脊；如带状疱疹的火针治疗，皮损在肩周、上臂内侧，则加取颈4、颈5、颈6夹脊。

三、治疗方法

不同种类的火针各具不同的适应证或者应用范围，临床选择火针时，宜审病察人，依症择具，从位施针，这是火针针具使用的纲领，也是火针疗法的一个法则。火针的操作根据针具的不同和治疗疾病的不同而不同，概而言之，主要包括治疗前准备、加热针体、进针、出针等几个步骤。

（一）治疗前准备

1. 环境准备

治疗室保持整洁，空气新鲜，光线充足，室内温度保持在 22～25 ℃，冬天无暖气应设置火炉，注意防止患者因脱衣着凉而感冒。

2. 用物准备

治疗盘、酒精灯、毫针盒（内备各种毫针）或一次性毫针（图 8-7-1）、0.5％碘伏或 2.5％碘酊、棉签、酒精棉球、镊子、弯盘，必要时备毛毯和屏风等。

图 8-7-1　针具

3. 患者准备

（1）了解患者相关情况，如既往史、当前症状、发病部位及相关因素。

（2）向患者做好解释工作，消除其紧张情绪，取得患者的配合。因火针治疗所用针具较粗，多为明火操作，且疼痛较大，患者多有畏惧心理，故医者应态度温和，坚定患者信心，进针前宜向患者解释火针的感应，解除患者疑惑，消除患者的畏惧心理。《古今医统大全》有云："凡行火针，必先安慰病患，令勿惊动。"

（3）根据烙刺点的不同及患者的体质要求，选择适当的体位。常用的有仰卧位、侧卧位、俯卧位、背靠坐位、伏坐位等。一般以便于医者取穴、操作方便、烙刺点定位后不易偏移和患者舒适的体位为宜，对老年人、小儿或体弱者，宜采用卧位或靠坐位。

（二）操作流程

（1）备齐物品携至患者身旁。

（2）定位。由于火针治疗多进针迅速，故宜事先对选择的穴位或者烙刺点进行定位，并加以标记，以确保针刺的准确性。定位采用指甲掐十字法，进针点在交叉点。如烙刺部位为囊肿、脓肿、包块等，可请助手协助固定肿物，以防肿物活动而导致进针点偏移，伤及周围组织。如果进针点为活动性痛点，则宜请助手协助固定患者体位后再做标记，以便进行针刺（图 8-7-2）。

（3）施术前医者应用消毒水洗手，并用纱布清洁治疗部位皮肤。

（4）消毒。定位好后，可以用 0.5% 碘伏从穴位中心向四周做同心圆消毒 2 次，消毒直径大于施术部位 1 ～ 2 cm，或用 2.5% 的碘酊从穴位中心向四周做同心圆消毒，再以 75% 的酒精棉球同法脱碘。若烙刺部位为黏膜或溃疡，则宜用刺激性小的消毒液进行消毒，如安尔碘等。

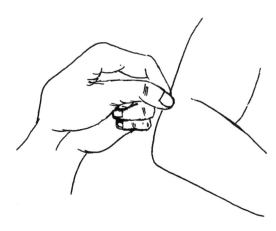

图 8-7-2　取穴后掐印标记

（5）烧针。烧针是使用火针的关键步骤，一般以酒精灯或 95% 的酒精棉球点燃加热针体。左手持点燃的酒精灯或者 95% 的酒精棉球于胸前，尽量接近要烙刺的部位；右手拇指、食指、中指微曲夹持针柄，针尖指向进针点，置于灯焰外焰上灼烧（图 8-7-3）。先加热针体，再加热针尖，根据治疗目的的不同可将针烧至白亮、通红、微红 3 种热度。加热到所需热度后，即可对患处施针。烧针的各个环节均要注意，否则将影响针刺的疗效，正如《针灸大成·火针》所云："灯上烧，令通红，用方有功。若不红，不能去病，反损于人。"

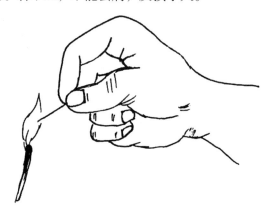

图 8-7-3　烧针

（6）进针。火针进针的要点包括进针方法、进针角度、进针深度。火针进针的关键是快，要求针体烧至所需热度后，迅速准确地刺入穴位或烙刺点（图 8-7-4）。

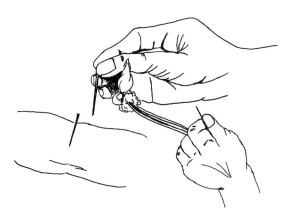

图 8-7-4 火针进针

①进针方法：可分为点刺法、散刺法、密刺法、围刺法、烙熨法、割治法等，还可按出针的快慢分为快针法、慢针法等。

A. 点刺法。点刺法是最常用的火针刺法，即将火针烧到所需热度后迅速刺入选定穴位的方法，其他火针刺法多以点刺法为基础，只是针刺的深度、密度等有所不同。点刺法多用于缓解疼痛及治疗脏腑疾患等全身病证（图 8-7-5）。

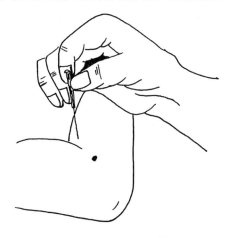

图 8-7-5 火针点刺法

B. 密刺法。密刺法是用火针密集地刺激病变局部的一种刺法，针刺间隔一般为 1 cm 左右，病情重者可相应增密。针刺深度以针尖透过皮肤病变组织，刚好接触正常组织为宜，故宜根据皮肤厚薄及角质层的硬度来选择针具，皮肤厚硬处宜选用粗火针，反之选用细火针。密刺法可在病变局部蕴积足够的热力，使气血流通，促进组织的再生和修复，多用于治疗增生性及角化性皮肤病变，如神经性皮炎等（图 8-7-6）。

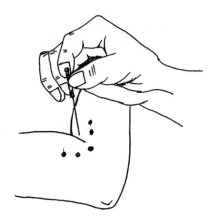

图 8-7-6　火针密刺法

C.围刺法。围刺法是用火针围绕病变部位周围进行针刺的方法。围刺一般先用中粗火针，针刺间隔以 1 ～ 1.5 cm 为宜。对于局部红肿热痛者，可直接用火针刺络放血。此法可改善局部血液循环，常用于治疗臁疮、带状疱疹等病证（图 8-7-7）。

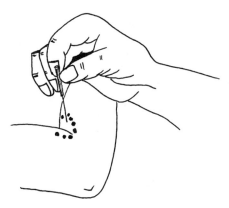

图 8-7-7　火针围刺法

D.散刺法。散刺法是用火针疏散地刺病变部位的针刺方法。一般选择细火针，每隔 1.5 cm 一针，以浅刺为宜。此法可以疏通局部气血，具有除痹止痒、解痉止痛的功用，可用于治疗四肢麻木、躯体痛痒、肢体拘挛、疼痛等病证。

E.烙熨法。烙熨法指在施术部位表面轻而缓慢地烙熨，多用平头火针或鍉针。可治疗色素痣、老人斑、白癜风或赘生物中体积较小者。此法针头与皮肤接触的面积较大，停留时间长，所以患者疼痛较甚，必要时可以在局部麻醉下进行。

F. 割治法。割治法指用火镀针或粗火针，烧针至所需热度，将火针刺入选定的囊腔低垂部，深度以穿透囊壁为度。出针时摇大针孔，出针后可按压囊肿，务必令脓液、瘀血、水液等尽出。如治疗某些皮肤赘生物等，常可将灯火放在一旁，用左手持镊子等夹持赘生物，烧针后，灼烙割切其根部，以截断为度，注意动作不要太快，以免出血，一般一针即好。如伤口有渗血，可用火鍉针或平头火针烙熨止血。因割治疗法创伤相对较大，要防止术后感染。如赘生物较多，可分批分次治疗。

G. 快针法。快针法指进针达适合深度后迅速将针提出，整个过程只有 1/10 秒左右。根据进针的深度又可分为深速刺、浅点刺等。此法进针出针速度快，往往还未达到形成痛阈的时间，操作已结束，所以疼痛很轻或无疼痛。操作结束后局部常有灼热感，有时还向远端放射。此法具有温阳散寒、激发经气、行气活血的作用。快针法是火针最常用的方法之一。

H. 慢针法。慢针法又称深留刺，是快速将火针刺入一定深度后，逗留一段时间，然后再出针的方法。留针时间多在 1 ～ 5 min。在留针期间，可行捻转、提插等手法加强针感。此法针感除有局部灼热感外，还常有酸麻胀感等。此法具有祛腐、化痰、软坚散结的作用，主要用于治疗顽症痼疾、剧痛之疾如三叉神经痛、顽固的坐骨神经痛、久泻滑痢、哮喘频发、神经纤维瘤、风寒久痹、冷痛难愈的肩凝症、慢性盆腔炎、腰椎增生症、囊肿等疾病。

②进针角度：多采用垂直刺入，对于赘生物等可采用斜刺法、勾刺法等。

③进针深度：视针刺的部位、病情的性质、患者的体质情况及季节气候等多方面因素而定。一般来说，皮肤肌肉丰厚的地方可稍深刺，如四肢腕踝关节以上可针刺 0.2 ～ 0.3 寸；皮肤肌肉菲薄的地方宜浅刺，如头面部、井穴针刺深度常在0.05 寸左右、腕踝关节周围及以下、胸胁部穴位针刺深度常控制在 0.1 ～ 0.2 寸。泻时宜速刺，补时宜频频浅刺；年轻人、体质强壮者可稍深刺，老人、小孩宜浅刺，特别是幼儿皮肤薄嫩，更要浅刺；一般阿是穴、病变部位要深刺 0.3 ～ 0.5 寸。《千金要方》认为疖肿、痈疽的针刺深度是"四分"："当头以火针，针入四分即

瘰。"针刺压痛点时，医者觉手相沉紧时应停止进针；针刺脓肿时，针下出现空虚感则止。

（7）出针。火针出针后，即以碘伏棉球或酒精棉球用力按压针孔，严禁揉按，以免出血，重而速按可减轻或者消除痛感。若火针针刺后出血，不必止血，待出血自然停止后用干棉球擦拭即可。若以火针烙洞排脓者，务使脓汁出尽，然后包扎，必要时宜加压包扎。

（8）疗程与间隔时间。急性疾患每日或隔日1次，3次为1个疗程；慢性疾患3～7日1次，5～8次为1个疗程。2个疗程之间应该有1～2周的休息时间。

（9）治疗结束后，协助患者整理衣着，整理床单，为患者安排舒适的体位，并嘱患者稍作休息。

（10）用过的针具应丢置于利器盒内，擦拭过血液的纱布应丢置于污物桶内。

四、注意事项

（1）血管及主要神经分布部位不宜针刺。

（2）针刺后局部呈现红晕或红肿未退时应避免洗浴；局部发痒不能手抓，以防感染。

（3）注意检查针具，有剥蚀或缺损时不宜使用，以防意外。

（4）对初次接受火针治疗者应做好解释工作，消除其恐惧心理，令其积极配合治疗。

五、禁忌证

合并有严重高血压、心脑血管疾病、肝肾和造血系统等严重危及生命的原发性疾病患者，精神病患者，妊娠妇女，身体极度虚弱及有出血倾向者禁用。

参考文献

［1］黄杰之. 实用壮医技术［M］. 南宁：广西科学技术出版社，2017.

［2］黄瑾明，秦祖杰，宋宁，等. 壮医脐环穴的历史渊源、理论基础与临床研究［J］. 亚太传统医药，2019，15（10）：43-45.

［3］黄瑾明，宋宁，黄凯. 中国壮医针灸学［M］. 南宁：广西民族出版社，2010.

［4］林国华，李丽霞．火针疗法［M］．北京：中国医药科技出版社，2012．

［5］吕琳．壮医刺血疗法技术操作规范与应用研究［M］．南宁：广西科学技术出版社，2007．

［6］吴飞，陈海艳．壮医针刀经筋解结治疗腰椎间盘突出症临床研究［J］．中国民族医药杂志，2016，22（1）：12–14．

［7］张云，蓝毓营．壮医浅刺针法在中国医学史上的价值诠释［J］．中国中医药现代远程教育，2021，19（3）：122–124．

［8］钟丽雁，龙朝阳，李凤珍，等．壮医针挑疗法研究概况［J］．中国民族民间医药，2017，26（24）：41–44．

第九章 壮医灸法

第一节 壮医灸法概述

一、壮医灸法的理论基础

《灵枢》曰："针所不为，灸之所宜。"壮医灸法与中医所提的灸法不尽相同，中医的灸法主要以艾灸为主，而壮医的灸法除运用艾绒外，还运用其他多种材质如苎麻线、黄花穗、鲜花、叶子等进行灸治。根据《壮医药学概论》，壮医灸法共有13种，包括壮医药线点灸疗法、四方木热叩疗法、壮医无药棉纱灸疗法、壮医药棉烧灼灸疗法、麻黄花穗灸疗法、水火吹灸疗法、壮医灯花灸疗法、竹筒灸疗法、壮医火功疗法、艾绒硫黄灸疗法、壮医艾灸疗法、灼法、壮医鲜花叶透穴灸法。

二、壮医灸法的机制及功效

壮医灸法是通过烧灼或熏烤患者体表一定穴位或患处，使局部产生温热或轻度灼痛的刺激，以调节人体天人地三气的同步平衡，从而达到防病治病目的的一种方法，具有温经散寒、调节气血（嘘、勒）、消肿止痛、祛风止痒、保健防病等功效。该疗法分类繁多，广泛应用于临床各科（图9-1-1）。

图 9-1-1 壮医灸法

第二节　壮医艾灸疗法

一、壮医艾灸疗法定义

壮医艾灸疗法主要是指借用灸火的热力及艾叶等相关药物的作用，对腧穴或病变部位进行烧灼、温熨，达到防治疾病目的的一种外治方法。艾灸根据临床操作方法不同，可分为艾炷灸和艾条灸。

二、基本原理

利用温热刺激及艾叶等相关药物的作用，通过经络传导，以温经通络、调和气血、祛湿散寒、扶阳固脱，从而达到防病保健、治病强身的目的。

三、适应证

适用于各种虚寒性病证，如胃脘痛、腹痛、泄泻、风寒痹症、虚劳、疮疡久溃不愈等。

四、艾灸操作前的准备

（一）用物准备

治疗盘、艾条/艾炷、火柴/打火机、弯盘、小口瓶，必要时备浴巾、屏风等。

（二）操作准备

（1）备齐用物，携至患者床旁，做好解释工作，取得患者配合。

（2）取患者合理体位，暴露其施灸部位，冬季注意让患者保暖。

（3）根据病情，合理选择相应的灸法。

（三）艾炷灸

把艾绒捏紧成规格大小不同的圆锥形艾炷，小者如麦粒大，中等者如半截枣核大，大者如半截橄榄大。每燃烧一个艾炷称为一壮（图9-2-1）。

图9-2-1　艾炷

（1）直接灸。直接灸又称明灸、着肤灸，即将艾炷直接置放在皮肤上施灸的一种方法。根据灸后对皮肤刺激的程度不同，又分为无瘢痕灸和瘢痕灸两种。

①瘢痕灸又称化脓灸，因施灸后局部组织烫伤化脓，结痂后留有瘢痕，故名。施灸前先在施术部位上涂以少量凡士林或大蒜液，以增加黏附性和刺激作用，然后放置艾炷，从上端点燃。灸毕，在施灸穴位上贴敷消炎药膏，数日后可化脓，化脓时每天换膏药1次。灸疮30～40天可愈合，留有瘢痕。

②无瘢痕灸又称非化脓灸。将艾炷放置于皮肤上，从上端点燃，当燃剩2/5左右，患者感到烫时，用镊子将艾炷夹去，换炷再灸。一般灸3～7壮，以局部皮肤充血、红晕为度。施灸后皮肤不致起泡，或起泡后亦不致形成灸疮。

直接灸法适用于治疗慢性虚寒性疾病，如哮喘、眩晕、慢性腹泻、风寒湿痹和皮肤疣等。

（2）间接灸。间接灸是一种将艾炷与患者皮肤间隔开而施灸的方法，包括隔姜灸、隔蒜灸、隔盐灸、隔附子饼灸、隔胡椒饼灸、隔豆豉饼灸等。

例如隔姜灸，是将鲜生姜切成直径2～3 cm、厚0.2～0.3 cm的薄片，中间用针刺数孔，放在应灸的部位，上置艾炷点燃。艾炷燃尽后易炷再灸。当患者感到灼痛时，将姜片向上提起，离开皮肤片刻，放下再灸；或缓慢移动姜片，至局部皮肤潮红为止。一般灸3～6壮，以不引起烫伤、皮肤红晕而不起泡为度（图9-2-2）。

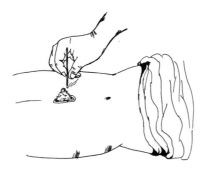

图 9-2-2　隔姜灸

（四）艾条灸

壮医艾条由60%～85%的艾绒、15%～40%的壮药添加剂（暖骨风、大风艾、肉桂、两面针、伸筋草、大红钻、娃儿藤、姜黄、山苍子）组成，具有通调龙路火路、祛风毒、散寒毒、除湿毒、止疼痛的功效，适用于治疗风、寒、湿毒侵袭人体，阻滞龙路火路而出现的各种疾病。壮医艾条的组成分为主药、帮药、公药、母药。方中两面针、伸筋草、大红钻具有通调龙路、活血散瘀、消肿止痛的作用，三者共为主药；娃儿藤、姜黄、山苍子行气止痛，为帮药；暖骨风祛风除湿、止痛，大风艾祛风毒、除湿毒，肉桂散寒毒之效尤峻，三者共为公药；薜荔能清热毒，通龙路，为母药；再加上艾叶性温，具有散寒除湿、调经止血、安胎止崩之效。全方主、帮、公、母合用，从而达到畅通龙路火路、解毒活血祛瘀、祛风散寒除湿的作用。

（1）温和灸。点燃艾条，将点燃的一端举在距离施灸穴位皮肤3 cm左右处进行熏灸，以局部有温热感而无灼痛为宜。一般每处灸5～7 min，至局部皮肤红晕为度（图9-2-3）。温和灸法多用于治未病，也适用于治疗慢性病、虚证。

图9-2-3　艾条温和灸

（2）雀啄灸。将艾条点燃的一端举在距离施灸部位2～5 cm处，如同鸟雀啄食一般，一下一上不停地移动，反复熏灸，每处5 min左右（图9-2-4）。雀啄灸法多用于晕厥急救，也治疗小儿疾患、胎位不正、无乳等。

图9-2-4　雀啄灸上下移动

（3）回旋灸。将艾条点燃的一端举在距施灸部位约3 cm处，左右来回旋转移动，反复熏灸，一般灸20～30 min（图9-2-5）。回旋灸法适用于治疗风湿痹痛、神经性麻痹、皮肤病等。

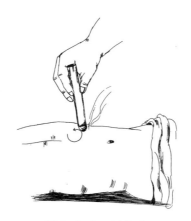

图 9-2-5　回旋灸

（五）壮医龙脊灸

壮医龙脊灸是在艾灸的基础上总结出来的壮医外治疗法。该灸法以特殊的方式温灸，通经络入脏腑，祛百病。壮医认为"三道两路"通畅天地人三气同步，"龙脊"（即督脉）是龙路、火路的主干道，覆盖着气道、水道和谷道。龙脊灸通过在人体"龙脊"上施灸，运用姜泥促进"三道两路"之气运行，又借艾绒解天地人三部之毒，激发三气，使毒邪扶正、气血均衡，从而达到调补气血、解毒祛瘀、强身健体的效果（图 9-2-6）。

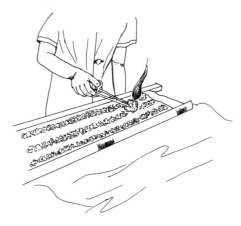

图 9-2-6　壮医龙脊灸

五、注意事项

（1）施灸过程中，随时询问患者有无灼痛感，及时调整距离，防止患者烧伤。观察患者病情变化及有无体位不适。

（2）施灸过程中应及时将艾灰弹入弯盘，防止艾灰掉落烧伤患者皮肤及烧坏衣物。

（3）施灸完毕，立即将艾条插入小口瓶，熄灭艾火。清洁患者局部皮肤后，协助患者整理衣着并为其安排舒适卧位，酌情开窗通风。

（4）施灸后患者局部皮肤出现微红灼热，属于正常现象。如灸后皮肤出现小水疱，无须处理，人体可自行吸收。如水疱较大，可用无菌注射器抽去疱内液体，覆盖消毒纱布，保持干燥，防止感染。

（5）熄灭后的艾条应装入小口瓶内，以防复燃导致火灾。

（6）清理用物，归还原处。

六、禁忌证

有出血倾向疾病、脏腑功能极差者不宜用此疗法。

第三节　壮医药线点灸疗法

壮医药线点灸疗法是以壮医理论为指导，采用经过多种壮药制备液浸泡过的直径约为 0.7 mm 的苎麻线，取出后将一端在灯火上点燃，使之形成圆珠状炭火，然后将此炭火迅速而敏捷地直接灼灸在人体体表的穴位或部位，用以预防和治疗疾病的一种独特医疗保健方法。

一、起源与研究

壮医药线点灸疗法是流传于广西壮族民间的一种独特的医疗方法，只在民间世代口耳相传，其形成和发展经历了漫长的历史过程。1982 年，广西中医学院的黄瑾明教授、黄汉儒教授等在柳江壮医龙玉乾祖传经验的基础上，开展了对该疗法的挖掘、整理、提高、研究以及大力推广应用工作。

二、基本原理

以温热感和药效对穴位的刺激，通过经络传导，调整气血恢复平衡，使人体各部恢复正常的功能，使三气复归同步，促使疾病转归及人体正气康复。

三、适应证

该疗法适用范围很广，据调查和临床验证，该疗法可以治疗临床各科逾百种疾病，对有畏寒、发热、肿块、疼痛、痿痹、麻木不仁、瘙痒等症状者疗效较好。

四、操作过程

（一）用物准备

治疗盘、酒精灯、火柴/打火机、药线（事先放在药酒中浸泡）。

（二）操作程序

（1）备齐用物，携至患者床旁。耐心解释，消除患者顾虑，取得患者配合。

（2）协助患者取合适体位，暴露患处，注意让患者保暖，必要时用屏风遮挡。

（3）整线。用两手拇指、食指分别持线的两端，捻转拉直，把浸泡过已松散的药线搓紧（图9-3-1）。

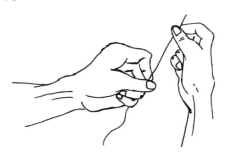

图9-3-1 搓线整线

（4）持线。用右手食指和拇指持线的一端，露出线头1～2 cm（图9-3-2）。

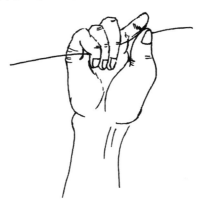

图9-3-2 持线手法

（5）点线。将露出的线头在灯火上点燃，如有火苗必须扑灭，只需保证露出的线头上有圆珠状炭火星即可（图9-3-3）。

图 9-3-3　点线

（6）施灸。将有炭火星的线头对准穴位，顺应手腕和拇指的屈曲动作，拇指指腹稳重而敏捷地将带圆珠状炭火星的线头直接点按于穴位上。一按火灭即起为一壮，一般每穴点灸 1～3 壮（图 9-3-4）。

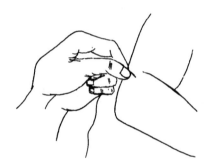

图 9-3-4　药线点灸

（7）协助患者整理衣着，整理床位。

（8）清理用物，归还原处。

五、禁忌证

（1）孕妇禁灸，尤其不能点灸下半身穴位。

（2）眼部禁灸。

（3）点灸眼区及面部靠近眼睛的穴位时嘱患者闭目，以免火花飘入眼内引起烧伤。

（4）患者情绪紧张或过度饥饿时慎用此疗法。

（5）各种皮肤病如湿疹、荨麻疹、带状疱疹、白癜风等患者，在点灸治疗时期忌食生葱、牛肉、马肉、母猪肉、海鲜、竹笋、韭菜、南瓜苗、公鸡、鲤鱼等发物。

（6）点灸面部穴位时一律用轻手法。

（7）黑痣不点灸，建议用药物或激光等作一次性彻底治疗。

六、注意事项

（1）必须严格掌握火候，切忌烧伤患者皮肤。药线点燃后一般会出现四种火候：一是明火，即有火焰；二是条火，即火焰熄灭后留下一条较长的药线炭火；三是珠火，即药线一端有一颗炭火，呈圆珠状；四是径火，即珠火停留时间过久，逐渐变小，只有半边炭火星。只有珠火才可以施灸，其他三种火候不宜施灸。若使用明火点灸，极易烧伤皮肤，出现水疱；若使用条火施灸，很难对准穴位；若使用径火施灸，药效和热量均不足，效果欠佳。因此，必须使用珠火点灸，以线端火星最旺时为点灸良机，以留在穴位上的药线炭灰呈白色为效果最佳。

（2）施灸手法是决定疗效的重要因素，必须严格掌握手法。手法有轻手法、中手法和重手法，临床应用原则是以轻对轻、以重对重，即轻病用轻手法，重病用重手法，常规病用中手法。如何区别轻手法和重手法？施灸时，珠火接触穴位时间短、刺激小者为轻手法；缓慢扣压，令珠火较长时间接触穴位即为重手法；介于两者之间为中手法。即以快应轻，以慢应重。另外，在使用前将药线搓得更紧，令其缩小，然后进行点灸，就会得到轻手法的效果；反之把两条药线搓在一起，使之变粗，用其进行点灸，自然会得到重手法的效果。

（3）注意告诉患者不要用手抓破所灸穴位，以免引起感染。穴位点灸后，一般会有发痒感，特别是同一穴位连续点灸数天之后，局部会出现一个非常浅的灼伤痕迹，停灸后一周左右即可自行消失。上述情况必须事先告诉患者，嘱其千万不要因为瘙痒或有灼伤而用手抓破灸处，以免引起感染。万一不小心抓破亦不必惊慌，注意保持伤口清洁，或用75%酒精消毒即可。

（4）注意嘱咐患者自觉配合治疗。

七、疗程说明

（1）疗程长短。急性病疗程宜短，慢性病疗程需较长。如睑腺炎、感冒、伤食泄泻等，每天点灸1次，一般1～3天内即愈；而肿块性疾病如脂肪瘤等，因其是慢性病，病程较长，需要分疗程给予治疗。

（2）疗程间隔时间。视具体病种而定，比较顽固的慢性病，间隔时间宜短一点，一般2～3天为宜。如果间隔期间病情继续好转，称之为后效，间隔时间可适当延长。

（3）注意巩固疗效。有些疾病治愈之后还有可能出现反复，应当注意巩固疗效。如顽固性痛经，可以多治疗 3 ~ 5 个周期，每月月经来潮前点灸 4 ~ 5 天，连续 3 ~ 6 个月，以巩固其疗效。

（4）主要功效。

①消炎退热。感冒发热的患者可以用药线点灸使之退热；在消炎方面，如口腔溃疡、痔疮发炎肿痛、疮疖红肿疼痛、咽喉炎肿痛等，经药线点灸可使炎症迅速消退。

②祛风止痒。该疗法对各种皮肤瘙痒症如荨麻疹、湿疹、癣病等有较好的止痒效果。

③通络止痛。对各种痛症如头痛、牙痛、痛经、腹痛、坐骨神经痛、肌肉扭伤疼痛等均有明显的疗效。

④消肿散结。可以治疗各种肿块性疾病，如乳腺小叶增生、脂肪瘤、局部扭伤肿痛等。

⑤健脾消食。对小儿厌食症、成人消化不良等症效果显著，可以迅速提高食欲，开胃消食。

⑥温经通痹。对风、寒、湿邪引起的痹症及肢体麻木等有明显效果，既可消肿，又能止痛。

⑦活血止血。用于各种血症，既有活血作用，又有止血效果。

⑧宁心安神。用于治疗失眠、紧张、焦虑、神经官能症、更年期综合征等均有一定效果。

⑨强壮补益。对各种虚弱患者，选择有强壮作用的穴位定期施灸，可增强体质，防病保健。

八、临床应用体会

壮医药线点灸治疗骨科痛症有显著作用。使用具有祛湿、止痛、散寒作用的壮医药酒浸泡苎麻线，在治疗腰肌劳损时，其温热感能直接作用于病位深达肌理，从而刺激通调龙路火路，平衡人体气血，进而起到活血祛瘀散结、温经散寒止痛的作用。且其取穴主要在膀胱经上，可以刺激肾经，从而补益肝肾。该疗法与中医点按手法及针灸有着异曲同工之妙。

第四节　壮医灯火灸疗法

壮医灯火灸疗法是壮医灸法之一，又称爆灯火疗法，民间称为"打灯草疗法"，是用灯心草蘸植物油后点火在穴位上直接爆灸，以治疗某些疾病的一种传统外治疗法。最早的灯火灸是记录于《五十二病方》中的点燃绳端灸疣的方法。明代李时珍在《本草纲目》中也有关于灯火灸疗法的操作方法、适应证、注意事项等方面的详细论述，如"灯火，主治小儿惊风、昏迷、搐搦、窜视诸病。又治头风胀痛，视头额太阳络脉盛处，以灯火蘸麻油点灯淬之，良"。陈飞霞在《幼幼集成》中说灯火灸有"疏风散寒、化痰行气、解郁开胸、醒神定搐"之功。我国第一部外治专著《理瀹骈文》说该疗法可用于治疗某些急性病，如"阴痧腹痛，手足冷，灯火爆身上红点"，可起到缓急救危的作用。灯心草味甘、淡，性微寒，归心、肺、小肠经，《本草纲目》中记载其能"降火，止血，消肿止渴"。灯心草灸可直接作用于病理部位，诱发热邪，宣泄和疏通气血，使郁火内毒有路外达，具有清热解毒、温经通脉的作用，可有效控制新皮疹和疱疹的发生。如明代李梴的《医学入门》有云："虚者灸之，使火气以助元阳也；实者灸之，使实邪随火气而发散也；寒者灸之，使其气复温也；热者灸之，引郁热之气外发。"生菜油清心火、祛外邪，其与灯心草共用于灸法，共奏祛邪解毒、清热除湿之效。现代医学认为，灯火灸能扩张局部血管，促进血液循环，改善周围组织营养，起到消炎消肿的作用；同时能使局部皮肤高度充血、起泡、渗出液体甚至溃烂，并能传递到体内神经细胞，使神经细胞恢复兴奋，并通过中枢神经系统的作用，增加白细胞的数量，增强细胞的吞噬能力，起到杀菌、消炎、消肿、松脱、镇痛的作用。

一、施术手法

（1）明灯爆灸法（明火直灸法）。取灯心草 1 根（长约 10 cm），蘸植物油并使之浸渍寸许（菜籽油、花生油、麻仁油等均可）。点燃灯心草后，以敏捷而快速的动作，对准选灸穴位，直接点触于穴位上爆灸。一触即离去，并听到"叭"的爆响，即告成功，此为 1 壮。本法灸后局部皮肤稍微灼伤，偶尔会起小水疱，3～4天后水疱被人体自然吸收而消失。该法适应证广，常用于治疗急症，包括小儿急性病。民间亦普遍用此疗法治疗各种常见病、多发病。

（2）阴灯灼灸法（熄灯火燋法）。取灯心草1～2根（均长约10 cm），把灯心草蘸植物油点燃约半分钟后即吹灭火，约半分钟后，待灯心草温度稍降，利用余烬点于治疗穴上灼灸之。一触即起为1壮，每穴可以雀啄般地灼灸1～3壮。本法具有安全可靠、无灼伤之弊、疗效良好、可消除患者害怕心理等优点，适用于各种急性病和慢性病的治疗。

（3）压灯指温熨法。取灯心草1～3根，蘸植物油点燃明火，然后把拇指指腹压在灯心草的火上，旋即把拇指指腹的温热迅速移压在患部或治疗穴位上熨灼之，如此反复做3～5次即可。本法属间接熨灸法，适用于婴幼儿疾患及老年患者的虚弱性慢性疾病。本法具有安全可靠、不直接灼伤皮肤等优点，患者易于接受，通常多用于2周岁以下的婴幼儿，也可用于害怕火灼的患者。

（4）灯心炷灸法（灯心炷明灸法）。取灯心草1～2根，用剪刀预先剪成1 cm长，此即谓灯心炷。再将剪好的灯心炷浸在盛装植物油（菜籽油、花生油、麻仁油等均可）的器皿中，治疗时将油浸的灯心炷稍行滴干，然后用小镊子挟起竖直置于治疗穴位上，点燃后任其燃烧。每燃完1炷为1壮，每穴烧1～2壮为度。本法与艾炷灸法同理，属直接着肤灸，适用于老年人、妇人等的慢性、虚损性疾病的治疗。灸后局部皮肤微灼烧伤，可涂以龙胆紫药水，以免感染。

（5）灯火隔艾叶灸法（明灯隔艾爆灸法）。本法属间接灯火灸。取陈艾叶5～10片，置入盛装烧酒的器皿中浸渍湿透，施灸时将浸湿的艾叶（不可撕破）带酒贴于应灸穴位上；旋取灯心草1～2根掐寸许长，蘸上植物油，点燃明火，以稳、准、快的动作，直接灸艾叶中点，其火猛一接触艾叶就会熄灭，此为1壮。每穴灸1壮即可，也可按病情需要，灸2～3壮。本法适用于治疗寒性的疼痛症，如风寒湿痹、风寒头痛、寒性痛经、寒性风湿关节炎、阴疽、瘰疬、鹤膝风等慢性疾病。

（6）火柴粹灸法。近代有人用火柴点燃粹灸代替灯火灸法，其效果相同，而操作更为简便。取火柴划燃，速灸于选定好的穴位，使发出"啪""卟"响声，以局部稍有红晕为度。寒证、虚证用补法，在燃灸时稍留片刻，再按穴位，使火气缓缓透入肌肤；热证、实证用泻法，速灸其穴，不按穴，并吹气使火力速散。

（7）药火柴燎灸法。根据经络学说结合民间灯火爆粹法，用中药复方粉剂与普通火柴配制成燎灸专用"药用火柴"，可直接灸灼选定穴。本法取穴原则与一般针刺取穴相同，但以阿是穴及内脏在体表反应点为主，亦可长期燎灸足三里、关元、气海等穴，有防病保健作用。操作方法分为闪灸法、留灸法两种。①闪灸法：擦燃火柴后，猛一接触选定穴发出"叭"声后迅速离开。②留灸法：对准穴位点灸后将手松开，火柴棒即附着于所灸穴位上，片刻后取去。本法可3日灸1次（痛证可每日1次，但应避开原灸点），以5次为1个疗程。

二、施术步骤

（一）用物准备

灯心草数根、植物油1瓶、油灯1个、火柴1盒、消毒药棉1包、消炎膏1瓶、紫药水1瓶。

（二）体位选择

灯火灸之前，注意让患者选取适当的体位，使患者感觉舒适，亦便于医者取穴，使施灸能顺利进行。

（三）选取穴位

灯火灸是一种穴位刺激疗法，效果好坏与取穴准确与否有很大关系。施灸前，医者务必通过望、闻、问、切四诊了解病情，作出明确诊断，然后精准选取穴位。

（四）施灸顺序

灯火灸的施灸顺序与艾灸的顺序类似，总的原则是遵循"先灸阳后灸阴，先灸上而后下，先灸头身后灸四肢，先灸少后灸多"的施灸顺序进行。但在施灸时可根据实际需要灵活调整，不必拘泥于上述原则。

（五）操作方法

灯火灸的施术操作方法一般分为三步。

（1）点穴。施灸前，必须取准穴位，在选定穴位后，可先用笔于所选的穴位上作一记号，以便于施灸。

（2）燃火。医者取灯心草1根（长3～5 cm），将灯心草的一端浸入植物油中约1 cm，用右手食指、拇指捏住灯心草上1/3处，把灯心草蘸油的一端在煤油灯火（酒精灯、蜡烛等均可）上点燃明火。

（3）爆粹。即爆灸或粹灼，是施灸的方法。医者手持点燃的灯心草，将其点燃的一端慢慢向穴位移动，当移至穴旁时稍停片刻，待火焰略一变大，立即点触于穴位上爆粹之（勿触太重或离穴太远），此时从穴位点引出一种气流，从灯心草头部爆出，随之发出清脆的"啪"响爆粹声，火亦随之熄灭。灼灸次数可根据病情需要灵活调整，一般 2～4 次。灸后局部应保持清洁，防止感染。

三、施术疗程

灯火灸疗法历来很注重治疗的时机，强调轻病早治、急病速治、慢性病长期治。因此，施治的疗程长短和疗程的间隔时间等，可根据病人的身体虚实情况和不同疾病的需要灵活调整，一般遵循如下原则。

（1）急性病的疗程宜短。对于急性病证以及急性痛证，如急性腮腺炎、感冒之类，宜每日施灸 1 次，连续灸 1～3 日可治愈。

（2）慢性病的疗程宜长。对于慢性疾病和顽固性疾病，如瘰疬、乳腺小叶增生、骨质增生等短期治疗难以奏效的疾病，通常需要灸治 1～3 个月才能逐渐产生疗效。所以其疗程持续时间较长。

（3）施灸间隔与疗程。灯火灸疗法易产生小面积灼伤，故一般 3～5 日施灸 1 次，以免频灸过灼而损伤皮肤。对于急性病证和急性疼痛的患者，应每日灸 1 次，避开原灸点，5 次为 1 个疗程。对于慢性疾病和顽固性疾患，其间隔时间宜短，一般 2～3 日灸 1 次，5～10 次为 1 个疗程。对于常见病、多发病的治疗，间隔时间不应过长，通常 1～2 日灸 1 次，5～7 次为 1 个疗程。对于一些病情危笃患者的抢救，如中风晕厥、休克、崩漏等，一般不间隔，宜频灸至愈为止。

（4）疗程巩固与善后。一些慢性疾患虽经灸后取得疗效，但为了防止复发，增强患者抗病能力，往往需要继续治疗 1～2 个疗程，以便扶正祛邪，进一步增强疗效。

四、施术注意事项

（1）施灸手法要熟练。医者平时应常练习手腕弹力，施灸时手持灯火，以稳、准、快的动作对准选穴，一触即离，爆响"啪"声即告成功。

（2）向患者做好解释工作。施灸前，宜向患者解释此疗法的特点、疗效，并进行思想安慰，以便消除患者害怕火灼的心理，提高患者信心，使患者能配合施灸。

（3）体位及取穴。施灸时，要协助患者选择适宜体位，因体位与取穴准确与否有直接关系。嘱患者不要移动体位，以免取穴出现误差。

（4）禁忌证。面部及五官区域、大血管及重要器官、黏膜附近不宜施灸。妊娠期妇女的腰部、骶部、少腹部不宜施灸。因本法属火热刺激，凡实性、热性病证，不宜施灸。

（5）预防皮肤感染。因为小儿皮肤娇嫩，取穴宜少，多采取阴灯灼灸法，不提倡明灯爆灸法。灸后局部出现轻微的火灼焦点，应保持局部清洁，涂以普通消炎膏，预防感染。并嘱患者不用手抓破或拭擦，以免发生感染。灸后，一般虽无瘢痕等后遗症，但灸灼局部有灼热、发痒感，偶尔可产生小水疱，应以针挑破，挤去黄水，涂上龙胆紫药水或普通消炎膏，加以保护、防止搔抓，以防感染。

五、特殊穴位的使用

灯火灸疗法除选取十四经穴、经外奇穴外，还有一些疗效独特、民间流传的有效穴位，这些穴位取穴方法特殊，故称为特殊穴位。

（一）特殊穴位

1. 七星灯火穴（元宵灯火穴）

取穴：按患者皮肤局部出现的病损形状和范围大小，沿患部周围边缘和病变部位选取 1 组穴位，此组穴呈七星灯火形，故名七星灯火穴（图 9-4-1）。

主治：各种顽固性癣类和皮疹类皮肤病。

2. 莲花灯火穴

取穴：按照患部皮肤病损范围的大小，沿其周围边缘及局部选取 1 组穴位，此组穴呈莲花状，故名莲花灯火穴（图 9-4-1）。

主治：一般皮疹、牛皮癣、铜钱癣等皮肤疾病。

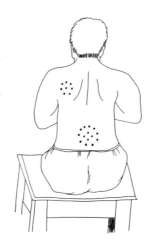

图 9-4-1　七星灯火穴（左肩胛区）、莲花灯火穴（腰背部）

3. 梅花灯火穴

取穴：按照患部局部出现的包块或肿物的形状和大小，在肿块或肿物的周围边缘及其中心部位选取 1 组穴位，此组穴呈梅花状，故名梅花灯火穴（图 9-4-2）。

主治：外科或内科的肿瘤、包块，如瘿瘤、瘰疬、乳腺瘤、痰核、淋巴肿块等。

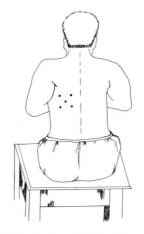

图 9-4-2　梅花灯火穴

4. 脐周四穴

取穴：以脐中央（神阙）为中心，旁开 1.5 寸，上下左右各取 1 点，共 4 穴。

主治：急、慢性肠胃病变，兼有保健强壮之效。

5. 脐轮六穴（脐轮六燋）

取穴：绕肚脐轮1圈取1组轮形六燋点，呈轮形，故名脐轮六穴（图9-4-3）。

主治：小儿惊风、晕厥。

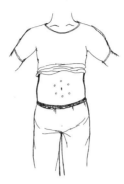

图 9-4-3　脐轮六穴

6. 环周形灯火穴

取穴：按照局部肿块、瘰疬、瘿瘤、痰核范围的大小，沿肿物（包块）周边取1组穴位，此组穴呈环周形，故名环周形灯火穴。

主治：外科及内脏肿块，如瘿瘤、瘰疬、痰核及各种包块等。

7. 结顶穴

取穴：在疔、疮、疖、肿及淋巴结肿块局部顶端处取穴（图9-4-4）。

主治：疔疮、痤疮、疖肿、疣赘、淋巴结肿大、无名肿毒、痈疽等。

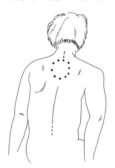

图 9-4-4　结顶穴取穴

8. 十三燋神火穴（十三燋灯火灸）

取穴：囟门、眉心、人中、承浆、少商（双）、脐心、脐轮六燋，总共十三燋。

主治：小儿脐风，急、慢惊风，中风，昏厥，胃痛，腹痛，伤寒夹色，痧气病等。

9.十八燋总火路

取穴：据《小儿惊风秘诀》载，"小儿诸惊，仰向后者，灯火粹其囟门、两眉际之上下；眼翻不下者，粹其脐之上下；不省人事者，粹其手足心，心之上下；手拳不开、目往上者，粹其顶心，两手心；撮口出白沫者，粹其口上下、手足心"。

主治：小儿惊风、昏迷、抽搐、窜视、手拳不开、撮口、眼翻、角弓反张。

10.红点穴（异常点、热毒点）

取穴：许多热病或急性发作的疾病，常在身体某部或某些腧穴的皮肤上出现异常点，多为红色或暗红色、呈圆形的小点，如针头大。以这些异常点为穴灼之，可收到良好疗效。

主治：阴痧腹痛、伤寒夹色、各种斑痧、热毒等。

11.青筋头端穴

取穴：小儿脐风发作，常于脐上显露一条青筋，在青筋的头端取穴，燋灼至青筋退缩为止。

主治：小儿脐风发作。

（二）特殊穴位注意事项

以上特殊穴位取穴时的注意事项如下。

（1）灯心蘸油不可太多，太多时先置于纸上吸去部分再使用。

（2）灸头面部或胸背部穴位时，患者体位不宜仰卧或俯卧垂直灼灸，只宜侧面斜向爆灸，因垂直爆灸会使热油滴在表皮引起皮肤损伤或剧痛。

（3）取面部穴位施灸时，应先令患者闭眼，防止爆灸时火星溅入眼内。

（4）爆灸时如没有"啪"的爆响声会影响疗效，多因皮肤有汗、取穴不准或角度不正，可视情况拭去汗水、取准穴位或调整角度后，再在原灸点旁边爆灸之。

（5）爆灸头部穴位，应先剪去患者少许头发；爆灸任何部位均应避开皮肤瘢痕或结节。

（6）灸点之小疱如不慎溃破或感染，可涂以龙胆紫药水，盖以消毒敷料，切忌用油膏外涂。

（7）该法不宜用于高热、烦渴、谵语、唇焦、口燥、咯血、苔黄、脉数等热象明显之病证及外科病等。

（8）灯火灸后有轻微烧灼感，很快即可消失，不需特殊处理。灼处皮肤不需弄破，会自然结痂而逐渐脱落，不留灼痕。若某处灼伤较多，术后可涂消炎膏等，以减轻疼痛。

六、临床应用举隅

韦某，女，32岁。患者张口受限，左颜下颌骨关节弹响，伴有左耳前区疼痛1年多，曾用药物、理疗、针刺等方法治疗未愈。经X光片等检查，确诊为颞下颌关节紊乱综合征。经灯火灸颜中穴治疗，2个疗程而痊愈，随访1年未发作。颞下颌关节紊乱综合征多由于咀嚼过度，关节功能超过了生理限度，或两侧下颌骨的发育及肌肉力量的失衡而致。《针灸甲乙经》载"颊肿，口急，颊车痛，不可以嚼……"。本病属中医学痹证范畴。《灵枢寿夭刚柔第六》云："寒痹……以火焠之。"灯火灸疗法可以温通经脉，疏通经络，促进气血运行，改善局部的新陈代谢，通利关节。在施灯火灸的同时，积极配合心理治疗，消除患者的紧张情绪。同时令其改变单侧咀嚼的习惯，矫正错颌，减轻颞颌关节的负荷，可求得更好的疗效。

参考文献

［1］陈波，熊芳丽，方志聪，等．温和灸对中老年膝骨性关节炎患者生活能力与生活质量的影响［J］．山东医药，2010，50（32）：43-44.

［2］黄汉儒．壮医理论体系概述［J］．中国中医基础医学杂志，1996，2（6）：3.

［3］蒋祖玲，庞宇舟．壮医"内去外引"解毒法刍议［J］．中国民族民间医药，2020，29（6）：1-3.

［4］蓝仕．独活寄生汤加味合壮医药线点灸治疗腰肌劳损100例［J］．内蒙古中医药，2013，32（17）：11-12.

［5］李建武，马志毅，熊源胤，等．隔物温和灸对膝骨性关节炎家兔关节液及血清中NOS水平的影响［J］．风湿病与关节炎，2012，1（2）：37-39.

［6］李梴．医学入门［M］．北京：人民卫生出版社，2006.

［7］罗婕．再探壮医"阴阳"起源［J］．中国民族医药杂志，2009，15（11）：1-2.

［8］庞宇舟，蒋祖玲.壮医毒论理论概述［J］.中国民族医药杂志,2014,20（6）：1-3.

［9］石彩玲，赵丰英.艾灸治疗膝关节骨性关节炎的观察与护理［J］.中国社区医师，2019，35（22）：139-140.

［10］谭支绍.中国民间灯火灸疗法［M］.南宁：广西科学技术出版社，1990.

［11］王柏灿.浅谈壮医"三道"、"二路"学说的具体运用［J］.中国民族医药杂志，1997，3（3）：3-4.

［12］王柏灿.历代壮族医药史料荟萃［M］.南宁：广西民族出版社，2006.

［13］王柏灿，容小翔，卓秋玉.壮医湿毒理论概述［J］.中国民族医药杂志，2014，20（6）：62-63.

［14］叶庆莲.壮医基础理论［M］.南宁：广西民族出版社，2006.

［15］周志荣.艾灸在膝关节骨性关节炎中的应用［J］.中国民间疗法，2018，26（7）：13-14.

第十章　壮医物理疗法

第一节　刮痧排毒疗法

一、概述

痧，又称痧胀、痧气、发痧或痧麻，多指由风、寒、湿、暑、热侵入机体后，导致气血壅闭，出现畏寒、发热、头晕胀痛、恶心呕吐、食欲不振、全身疲倦、肢体酸胀等症状，进而在皮肤出现的痧疹、痧斑、痧筋、关节及舌下静脉充盈青紫等体征。

二、痧病理论的起源

据考古资料所见，在旧石器时代的柳州柳江人遗址、新石器时代的南宁贝丘遗址、桂林甑皮岩遗址等地发现的古人类使用的工具中，有用于医疗的砭针、陶针、骨刮等，是后世壮医常用的针砭、陶治、骨刮等治疗工具的起源。痧、瘴、蛊、毒是岭南和壮族地区的常见病和多发病。早在宋代的文献中，就已经有壮医"挑草子"和针刺放血治疗"斑麻"痧的记载。壮医所称的"痧"，是指患病后以出现头晕眼花、发热头痛、胸脘满闷、上吐下泻、腹痛如绞、大汗淋漓、唇甲青紫、胸部或背部常透发斑点（壮医称"斑麻"）为临床特征的一类内科急症，多因体弱气虚，外感痧毒、毒、暑毒等，发而为痧。流传于壮族民间的大量口传资料表明，民间壮医对痧症的分类已达数十种之多，治疗方法主要有刮痧、挑痧等技法。

三、痧病的病因病机

（一）病因
五毒侵犯、饮食不节、劳作损伤、诸病犯之。

（二）病机

壮医理论认为，人体"三道两路"畅通，调节有度，则三气协调平衡，同步运行，维持人体正常的生理功能，生命生生不息。"三道两路"壅阻不通或调节失度，则三气不能同步而疾病丛生。痧病是由于人体正气虚弱，六淫、疠气、霉气、痧雾、暑气等外感邪毒乘虚侵入，或饮食不洁，内伤肠胃，导致体内"三道两路"壅塞不通，气血运行不畅，阴阳失调而产生。

四、痧病的诊断依据

（一）病证诊断

（1）发热、恶寒、头晕胀痛、恶心呕吐、食欲不振、全身疲倦、肢体酸胀。

（2）胸背部可见痧疹点、细纤毛。

（3）叩击胸大肌可见皮下肌肉蚂蝗样隆起或蛇样窜行。

（4）刮痧可见痧疹或痧斑。

（5）舌下静脉曲张、青紫。

（6）嚼生黄豆无腥臭味，觉甘甜可口。

（7）目诊可见白睛（巩膜）血管变粗或变细，充血或色暗。

符合以上第（1）条中两项以上或第（2）至（7）条中两项以上者可诊断为痧病。

（二）证候诊断

（1）热痧症（阳证）。表现为发热重，恶寒轻，口苦咽干，头晕头痛，全身酸痛，食欲不振，舌边尖红，苔微黄，脉浮数。

（2）寒痧症（阴证）。表现为恶寒重，发热轻，口苦，头身胀痛，全身困倦，食欲不振，舌质淡，苔薄白，脉浮或浮紧。

（3）暑痧症。表现为寒热不明显，口淡，全身胀痛，全身困倦，食欲不振，舌质淡，舌边齿印，苔厚腻，脉濡涩。

（4）血痧。痧毒在龙路、"三道"，使血行不畅或逆行，表现为皮肤、呼吸道、消化道、尿道、阴道等出血，相当于现代医学的各种出血性疾病。

（5）谷道痧。痧毒侵入谷道，瘀阻脏腑气机，五谷运化失调，表现为恶心呕吐、食欲不振、腹胀、大便烂，相当于现代医学的慢性胃肠炎、胃十二指肠溃疡、胆囊炎、肝炎、肝硬化、胰腺炎、慢性结肠炎等。

（6）火路痧。痧毒在火路阻塞经络、神经，表现为四肢麻木、肢体瘫痪、精神错乱、胡言乱语或不语，相当于现代医学的精神分裂症、癫痫、脑血管意外等精神、神经性疾病。

（7）其他痧症。如闷痧（中暑、中风、心肌梗死）、角弓痧（破伤风、狂犬病）、产后痧（产后恶阻）、眼目痧（双目红肿）、妇人隐疾痧（妇科病）、小儿夜啼痧（小儿夜啼）等。

五、壮医刮痧疗法

（一）疗法种类

刮痧疗法种类有民间刮痧法、美容保健刮痧法、动物毛刮痧法、鸡蛋刮痧法、中草药刮痧法、刮痧排毒疗法。

（二）刮痧疗法的作用原理

（1）通调"三道"。壮医认为，"三道"是人体维持生命活动的生理通道。"三道"畅通，调节有度，人体之气就能与天地之气保持同步协调平衡，达到健康状态。若"三道"不通或通行不畅，脏腑气机失调，则会导致疾病的发生。所以壮医治疗疾病时强调通调"三道"，以达到"一通百通"的效果。壮医刮痧排毒疗法通过局部刺激疏通"三道"，"三道"畅通，则气血得以输布全身，脏腑得以濡养，其功能活动得以充分发挥，从而增强机体的防病抗病能力。

（2）畅顺"两路"。壮医认为，"两路"具有濡养维持四肢百骸、五脏六腑及全身的重要作用。如果素体虚弱，或受寒湿之邪侵袭，邪毒耗气伤血，则会引起气血及神经功能失常，造成脏腑及全身功能失调。壮医刮痧排毒疗法通过局部刮痧、刺血、拔罐等综合刺激作用，使阻滞之气血通畅，以鼓舞正气，促进气血、神经功能的运行，达到治疗效果。

（3）调节阴阳。壮医认为，在正常情况下，人体各组织、脏器的功能活动保持着有机的协调，即阴阳处于相对平衡状态。如果这种平衡状态因某种因素而遭到破坏时，阴阳就会失去相对的平衡，人体气机升降失常，脏腑气血功能紊乱，毒邪乘机侵犯而发病。壮医刮痧排毒疗法一方面可以祛除邪毒，另一方面可以调动人体自身的调控机能，增强保护性反应，达到扶正祛邪、平衡阴阳、强身健体的目的。

（4）除痧解毒。壮医认为，在阴阳失衡、"三道两路"不通、三气不能同步的情况下，人体容易受到痧、瘴、蛊、毒、风、寒、暑、湿、燥、火等邪毒的侵袭，引起脏腑功能失调，产生瘀血、郁气、痰涎、水浊、邪火等病理产物。而这些痧毒滞留于肌肉骨节脏腑气血之间又可以加重脏腑气机紊乱、"三道两路"瘀阻，最终百病由此而生。壮医刮痧排毒疗法通过拔罐后的真空负压作用，产生一种较强的吸拔力，作用于局部穴位或病灶上，可将体内的毒物、邪气、恶血从皮肤毛孔吸出体外，从而使机体恢复健康状态。

（5）三气同步。人禀天地之气而生，为万物之灵；人的生老病死生命周期，受天地之气涵养和制约，人气与天地之气息息相通；天地之气为人体造就了生存和健康的一定"常度"；人体也是一个小天地，整个人体可分为三部，上部头、下部足、中部身。人体之气与三气同步运行，制约生化，使人生生不息。刮痧可使人的小天地气机顺畅，顺应天地之气，使人体健康无病。

（三）刮痧排毒疗法的适应证

内科、外科、儿科、皮肤科、五官科等科的常见病、多发病均可使用本疗法治疗。最常见的适应证主要有奔痧（痧病）、发得（发热）、奔唉（咳嗽）、发旺（风湿性关节炎）、甭巧尹（偏头痛）、巧尹（头痛）、活邀尹（颈椎病）、旁巴尹（肩周炎）、核嘎尹（腰腿痛）、麻抹（肢体麻木）、甭裆呷（半身不遂）、年闹诺（失眠）、林得叮相（跌打损伤）、牙痛、肥胖症等。

（四）刮痧排毒疗法的禁忌证

（1）有出血倾向者禁用。

（2）患严重心脏病、肾衰竭、肝硬化腹水、全身重度水肿者禁用。

（3）皮肤有损伤处及病变处禁用。

（4）急性扭伤、创伤的疼痛部位或骨折部位禁用。

（5）孕妇的腹部、腰骶部，妇女的乳头处禁用。

（6）大病初愈、重病、气血亏虚及体形过于消瘦者禁用。

（7）饱食、饥饿、醉酒者及对刮痧有恐惧者忌用。

（五）壮医刮痧排毒疗法的具体操作

（1）器材要求。选用水牛角制成的大小为 10 cm×6 cm 或 12 cm×7 cm 不等的长方形刮痧板，对边分别磨成 0.1 ～ 0.2 cm 的厚度，使用后或使用前需用清洁剂洗净油污灰尘，再置于 100 ℃开水内煮沸 15 min，取出晾干后，置于无菌方盒内备用（图 10-1-1）。

图 10-1-1　水牛角刮痧板

（2）患者体位。多取俯卧位，患者俯卧在床上，胸部垫一小枕头，双上肢自然弯曲放在头部前方，双下肢自然伸直，使全身肌肉放松。当然也可取坐位、仰卧位或侧卧位，以患者舒适及便于医者操作为宜，避免采取强迫性体位。

（3）操作前的准备。

①环境要求。治疗室内保持清洁，安静，光线明亮，温度适宜，避免患者吹风受凉。

②用物准备。刮痧板、刮痧油（或药酒、凡士林等，图 10-1-2）、治疗盘（垫治疗巾）、治疗碗、复合碘皮肤消毒液、75% 酒精、生理盐水、棉球、方纱 2 块、治疗巾 1 ～ 2 条。

图 10-1-2　壮医刮痧油

③施术前护理。向患者说明治疗的意义和注意事项，对其进行精神安慰与鼓励，消除患者的紧张、恐惧情绪，使患者能积极主动配合操作。

（4）操作步骤。

①医者准备。洗手，戴外科口罩、医用帽及一次性无菌手套。用 75% 的酒精消毒刮痧板（图 10-1-3）。

图 10-1-3　刮痧板消毒

②刮治部位的准备。在患者的衣边垫上治疗巾，用棉球蘸生理盐水清洁刮治部位的皮肤，再用 75% 的酒精消毒。将刮痧油（或药酒、凡士林等）倒于治疗碗内，用棉签蘸刮痧油（或药酒、凡士林等）涂擦刮治部位（图 10-1-4）。

图 10-1-4　刮治

③施术方法。医者手拿刮痧板，将刮痧板厚的一侧对着手掌，用另一侧在患者体表治疗部位反复刮动。整个身躯的刮拭原则为由上到下，从前到后，先中间后两边。刮拭要领为急者先喉，缓者顺受，肌肉骨节，近自远收。刮拭方向为颈—背—腰—腹—上肢—下肢，从上向下刮拭，胸背部从内向外刮拭。刮痧板与刮拭方向一般保持 45°～90° 角，刮时要沿同一方向刮，力量要均匀，采用腕力。一般每个部位刮 10～20 次，时间 3～5 min，最长不超过 20 min，以皮肤出现紫色痧点为宜（图 10-1-5）。

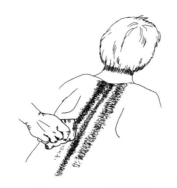

图 10-1-5 背部刮痧

④施术后处理。用纱布清洁皮肤（根据病情需要可在刮治部位涂擦药酒）。洗净刮具并用 75% 的酒精消毒。

⑤整理患者衣着及操作物品。

⑥交代患者治疗后注意事项等。

⑦洗手并记录治疗情况。

（5）治疗时间及疗程。根据病情，急性病证每 1 ～ 2 天 1 次，中病即止；慢性病证每 3 ～ 5 天 1 次，5 次为 1 个疗程。

（六）刮痧注意事项

（1）不能干刮。刮具必须边缘光滑，没有破损，以免刮伤皮肤。

（2）对于部分不出痧或痧点的患者，不可强求出痧，以患者感到舒适为原则。

（3）对年轻、体壮、新病、急病的实证患者须用重刮，即刮拭按压力度大、速度快；进行常规保健或对虚实兼见证患者宜用平补平泻法，即刮拭按压力度中等、速度适中。刮拭部位要正确，只有根据不同的病证选取相应的穴位，刮痧效果才会显著。

（4）刮痧部位前一次的痧斑未退之前，不宜在原处再次进行刮痧。再次刮痧时间需间隔 3 ～ 6 天，以皮肤上痧退为宜。

（5）操作前必须向患者解释病情及操作等事项，取得患者同意。患者情绪紧张或过度饥饿时不宜进行操作。暴露治疗部位时，应注意保护患者隐私及保暖。治疗过程中随时观察患者局部皮肤情况及病情，随时询问患者的耐受程度，防止患者晕刮。

（6）治疗后应避免患者立即起身离开，为患者安排舒适的体位，给患者饮一杯温开水，并嘱其休息 15～20 min 后，方可活动。

（7）告知患者，刮痧部位会有疼痛、灼热感，属于正常现象；刮痧部位出现红紫色痧点或瘀斑，数日后方可消失，不必惊慌；刮痧后 4 h 内忌洗澡；刮痧部位注意保暖，避免吹风受寒。

（8）刮痧后患者不宜发怒、烦躁和忧思焦虑，应保持情绪平和。

（9）刮痧后患者忌食生冷瓜果和油腻食物。

（七）应急处理

（1）晕刮。如患者在治疗过程中出现气短、面色苍白、出冷汗等现象，立即让患者头低位平卧 10 min 左右，亦可加服少量糖水使其恢复；若严重昏迷不醒者，立即行急救处理。

（2）治疗时间过长或操作不当，常会导致患者局部刮伤或起水疱。

①用生理盐水清洁创面并浸润无菌纱布湿敷创面直至疼痛明显减轻或消失，外涂烧伤膏或紫草膏。

②若患者局部皮肤出现小水疱，皮肤可自行吸收，应保持局部的干燥及水疱皮肤的完整性，预防感染。

六、刮痧排毒疗法治疗的常见病证

（一）发得（发热）

发热是感冒的临床表现之一。常伴随有鼻塞、流涕、喷嚏、头痛、咽痛、全身不适等临床表现。

治法：散热解表，排毒退热。

操作：患者取俯卧位或坐位，充分暴露背部，医者立于患者左侧，取脊柱两侧太阳膀胱经部用刮痧板刮痧。风寒型感冒以 30% 姜汁（生姜汁 30 ml+ 开水 70 ml）为介质；风热型感冒以薄荷液（薄荷 10 g+ 开水 50 ml 炮制，10 min 后取出浸出液）为介质；暑湿型感冒以藿香正气液为介质；表寒里热型感冒以大青叶液（同薄荷液炮制法）为介质。用中等力度刮拭患者背部两侧，由上而下、由内而外依次顺刮，以刮拭部位出痧为宜。然后以真空罐吸于背部两侧皮肤，沿两侧太阳膀胱经循行部位自上而下再自下而上反复推移，每次反复推移 3～5 遍，然后将罐停于大椎穴，留罐 10 min 后起罐。隔日治疗 1 次。

（二）奔唉（咳嗽）

咳嗽是指肺失宣降，肺气上逆，发出咳声，或咳吐痰液的一种肺系病证。咳嗽是肺系疾病的一种主要症状。历来将有声无痰称为咳，有痰无声称为嗽，有痰有声称为咳嗽。

治法：宣肺止痛，疏通气道。

操作：取刮痧板 1 块、刮痧活血剂 1 瓶、棉签 1 包、小毛巾 1 块（备用）。询问患者病情，明确临床诊断，无皮肤疾患、血液病、重度心肝肾功能不全、过度疲劳、醉酒等者可以进行刮痧。患者以坐位俯伏于椅背上，背风，暴露肩背部皮肤。医者先于患者一侧肩背部用棉签均匀涂抹活血剂，依患者体质及耐受程度用泻法（力量重、速度快）或平补平泻手法（力量、速度适中），避开脊柱由上而下垂直刮拭，肩部由内至外，用力均匀，尽量拉长刮拭。初期作大面积泛刮 3～5 min，患者皮肤红热即可，对不出痧或出痧较少的部位，不强求出痧。出现大量痧斑甚至出现紫黑痧斑的部位，往往提示邪之所在，可用泻法重点刮拭，刮拭时间延长至 10 min 左右，以刮至痧斑高出皮肤为度，不可刮破皮肤。刮拭结束后，适当作皮肤按摩，用小毛巾擦净皮肤即可。另一侧肩背刮拭方法如前。

（三）甫巧尹（偏头痛）

偏头痛主要表现为发病前突发眼花，视物不清或眼前有光点闪动，白天见阳光双眼发干，晚间见灯光周围呈现彩虹样光球，几分钟后出现一侧头痛，疼痛部位多为额部、眼眶部或整个半侧，偶有双侧交替头痛，该痛搏动性剧烈，有时呈钻痛、刺痛及钝痛，常伴有恶心、呕吐等症状。

治法：活血化瘀止痛，疏通两路。

操作：取患侧穴位，穴位处涂上刮痧油（剂）。手法一般根据患者的体质而定，体质强壮者采用泻法（重刮为泻），体质消瘦、年龄较大者采用补法（轻刮为补）。对于头部穴位一定要注意，补法每日可以刮 1～2 次，12 日为 1 个疗程。一般使用刮痧疗法有效的患者 3～5 次就可以好转，头痛减轻，3 个疗程之内临床症状消失。偏头痛患者取穴位，以前部印堂穴、后部风池穴为中界：胃经头维，经外奇穴印堂、太阳，肺经列缺，膀胱经通天，胆经风池、丘墟、阳陵泉。督脉百会头维疏风行气，通络止痛，是治疗偏头痛的主穴之一；列缺疏风止痛；通天、风池疏风通络治头痛。

（四）年闹诺（失眠）

失眠是阳不入阴所引起的以经常不易入寐为特征的病证。气血阴阳失和及脏腑功能失调为本病的主要病机。

治法：调理气血及阴阳。

操作：采用全头部刮痧＋辨证取穴。全头部刮痧采用四神延刮法、颞部刮法、维风双带刮法和项丛刮法。痰热扰心者加刮神门、丰隆和足三里；阴虚火旺者加刮神门、太溪和三阴交；肝火扰心者加刮神门、肝俞和太冲。前 2 周每周刮拭 2 次，以后每周刮拭 1 次，5 次为 1 个疗程。

第二节　壮医火攻疗法

一、火攻疗法概述

火攻疗法是民间医生用来预防及治疗疾病的一种方法，该疗法在民间有较深的群众基础，具有作用快、疗效显著等特点。火攻疗法起源于传统中医的火灸疗法（另说起源自部分少数民族的传统火灸疗法），早在《灵枢·官能》中就有"针所不为，灸之所宜"的记载。《扁鹊心法》也指出："人于无病时，常灸关元、气海、命门、中脘，虽未得长生，亦可保百年寿矣。"火灸疗法又被称为灸疗、灸法，即利用热效应通过火罐、火攻、火针、艾灸等方式将药物输注至相关穴位或部位以达到温经通络、行气活血、祛寒逐湿、消肿散结等功效的一种方法。从现代医学角度看，火攻疗法不仅能激发、提高机体的免疫功能，还能够活跃脏腑功能，旺盛新陈代谢，使人体产生抗体及免疫力，增强机体的抗病能力。

二、火攻疗法临床应用

火攻疗法在传统中医火灸疗法的基础上，不仅壮大了艾灸、雷火灸等传统中医火灸疗法，更是结合各地方的药材特点及治疗习惯，逐步发展为具有显著民族特色的治疗手段，如以艾条热灸为特色的藏医火灸、蒙医火疗、苗医火灸等疗法，以药枝热灸为特色的壮、瑶医火攻疗法，以药油热灸为特色的土家赶油火疗法等。衍生自民间传统医学的壮医火攻疗法，有其独特的治疗方式及良好的治疗效果，其适应证较为广泛，目前常见的适应证主要包括颈椎病、肩周炎、腰肌劳损、关节炎、胃痛、腹痛、便秘、月经不调、痛经、皮肤病等（表 10-2-1）。

表 10-2-1 部分文献中的火攻疗法案例汇总

操作者	传统医学类别	药材	制作方法	点燃物 / 手法	穴位 / 部位	针对疾病
王筱锋	中医	红花、姜黄、麻黄、延胡索、木瓜、附子、高良姜、乌药	92 ℃左右白酒中静置 1 周	医用脱脂纱布	神阙	小儿虚寒泻
王筱锋	中医	乳香、没药、木瓜、元胡、红花、川芎、羌活	50 ℃左右白酒中静置 2 周	医用脱脂纱布	腰骶部八髎穴、腹部神阙	原发性痛经
葛江涛	中医	川芎、当归、姜黄、没药、乳香、香附、川楝子、延胡索	50 ℃左右白酒中静置 2 周	医用脱脂纱布	乳房	乳腺增生症
潘文斌	瑶医	不详	不详	药枝	脾俞、胃俞、大肠俞等穴	肠易激综合征
袁庆忠	瑶医	生姜、两面针、豆豉姜、土叶莲	1000 ml 酒精中浸泡 1 周，再将药枝浸泡于药酒内 30 天	药枝（牛耳风等）	肩髃、天宗、肩中俞等穴或阿是穴	肩周炎
覃国良	壮医	当归、川芎、桃仁、红花、没药等	药枝浸泡于药酒内 7 天	药枝（鸡血藤等）	阿是穴或委中	腰痛
吉星云	壮医	生姜、大葱、两面针、黄檗、防己	药枝浸泡于药酒内 7 天	药枝（五味藤等）	大椎、肺俞、肾俞、足三里等穴	类风湿性关节炎
叶丰宁	土家医	生姜、大葱	100 g 桐油煮沸后加入生姜、大葱	用温热的桐油进行熨抹揉按	肝俞、肾俞、足三里、血海等穴	类风湿性关节炎

三、壮医火攻疗法

壮医火攻疗法，是采用经过加工炮制的药棒（枝），点燃再熄灭明火后，将暗火包裹于牛皮纸内间接灼灸患者皮肤，来刺激身体一定部位（穴位），以治疗疾病的一种方法。

（一）适应证

本疗法适应证范围广，涉及内科、外科、妇科、儿科、眼科、口腔科、耳鼻喉科等，包括畏寒、发热、肿块、疼痛、痿痹、麻木不仁等多种病证。

（二）部位选择

四肢关节、颈部、胸背部、腰部等。

（三）治疗方法

1.用物准备

将鸡血藤、追骨风、牛耳风、过山香、大钻、五味藤、吹风散等药切断为15～20 cm长，晒干后，加入生姜、大葱、两面针、黄檗、防己等与白酒浸泡（酒要盖过药面），7天后拿出晒干备用。另备牛皮纸、打火机、酒精灯。

2.施灸方法

（1）施灸操作。用备好的药制作一根长15～20 cm的药枝，把药枝一端放在酒精灯上点燃，熄灭明火后，把燃着暗火的药枝包裹于2层牛皮纸内，即可在患者身上穴位施灸（灸时隔着衣服或直接接触皮肤均可）。有两种灸法，一种是直接在穴位上点灸，另一种是在穴位上来回熨灸。

（2）施灸顺序。如果上下前后都有配穴，应先灸阳经，后灸阴经，先灸上部，再灸下部，即先背部，后腹部，先头身，后四肢，依次进行。取其从阳引阴而无阳盛之弊。

（3）施灸时间。火攻施灸时间无严格禁忌，上午下午均可，一般阴晴天气也不必避忌，只有个别病证除外，如失眠症应在临睡前施灸，出血性疾病需根据病情随时施灸，止血后还应继续一段时间，以免复发。

（4）施灸体位。火攻施灸前需根据病情选好穴位，并根据施灸部位，让患者采用仰卧、俯卧、坐位等体位，以舒适且能坚持较长时间为宜。

（5）施灸配穴原则。凡火攻治疗上部以后，必须在下部选取配穴灸之，以引热力下行。

（四）注意事项

（1）施灸后患者皮肤出现红晕是正常现象。若热力过强，施灸过重，皮肤产生水疱，应予以适当处理。若水疱不大，只要告诉患者注意不擦破，几日后水疱即可被自行吸收而愈。水疱较大者，可用消毒针沿皮穿刺，放出水液，外用消毒敷料保护，或用万花油、烫伤膏等涂敷，数日内也可痊愈。

（2）一般无不良反应，但由于患者体质和症状不同，开始治疗时会有微热、疲倦、口干、全身不适等感觉，此为正常反应，继续施灸即能消失。必要时可以延长间隔时间，如发生口渴、便秘、尿黄等症状，可用生地 15 g、麦冬 15 g、元参 15 g、肉苁蓉 15 g 水煎服。

（3）患者要注意保持精神愉悦，心情开朗，静心调养，戒色欲，勿过劳。清淡饮食，以助疗效。

（4）患者灸后可以正常洗澡，如有疮疡，擦澡时应小心疮面，不要过久浸泡，当心不要洗脱结痂。

（五）禁忌证

（1）凡是外感温病、阴虚内热、实热证患者，一般不宜施灸。

（2）存在过劳、过饱、过饥、醉酒、大渴、大汗、大惊、大恐、盛怒等现象者不宜应用此疗法。

第三节　壮医药物竹罐疗法

一、概述

壮医药物竹罐疗法是用煮沸的壮药水加热特制的竹罐，再将竹罐趁热吸拔于治疗部位上以治疗疾病的一种外治疗法。具有祛风毒、除湿毒、化瘀毒、散寒毒或清热毒、消肿痛、通调龙路火路气机等功效。壮医药物竹罐疗法在壮族人民聚居的桂西地区广泛流传，历史悠久，是现在临床常用的、成熟的壮医外治疗法之一。特色突出，疗效显著，安全可靠。

二、适应证

（一）传统中医（壮医）病证

（1）各类痹证。骨性关节炎、类风湿性关节炎、强直性脊柱炎、痛风等风湿病。

（2）痛症。头、肩、背、腰腿痛，落枕，软组织损伤等。

（3）痧症。

（4）半身不遂、四肢麻木。

（5）跌打损伤、骨折后瘀血等。

（二）现代西医疾病

（1）内科疾病。骨性关节炎、类风湿性关节炎、强直性脊柱炎等风湿病导致的关节肿痛，感冒，发热，急、慢性支气管炎，胃痛，腹泻，面神经麻痹，头痛，三叉神经痛，中风后遗症等。

（2）外科疾病。疖、疔、疮、痈、疽、丹毒、虫蛇咬伤。

（3）骨科疾病。颈椎病、腰腿痛、肩周炎、落枕、骨折后瘀血等。

（4）皮肤科疾病。痤疮、荨麻疹、神经性皮炎、湿疹、银屑病、皮肤瘙痒症等。

（5）妇科疾病。痛经、乳腺炎等。

（6）儿科疾病。发热、咳嗽、腹泻、消化不良、厌食等。

（7）五官科疾病。牙痛、慢性咽喉炎、扁桃体炎、结膜炎、鼻炎等。

三、禁忌证

（1）局部皮肤破损溃烂者禁用。

（2）患出血性疾病、有出血倾向或损伤后不易止血者禁用。

（3）合并心、脑、肝、肾等严重原发性疾病者禁用。

（4）精神病患者，或精神高度紧张、狂躁不安、抽搐不能合作者禁用。

（5）体质虚弱、极度消瘦者禁用。

（6）孕妇禁用。

四、操作步骤与要求

（一）用物准备

（1）竹罐（图 10-3-1）、电磁炉、不锈钢锅或其他锅具、消毒毛巾、长镊子、一次性注射针头、一次性医用橡胶手套、复合碘皮肤消毒液、医用棉签、无菌纱布。

图 10-3-1　竹罐

（2）药物。红杜仲（勾兵脓）、当归藤（勾当归）、鸡血藤（勾勒给）、海风藤（勾断）、宽筋藤（勾丛）、肿节风、伸筋草（棵烟银）等。

（3）药液准备。将药物装入布袋，加水浸泡至少 30 min，然后加热煮沸 20 min 左右，用于浸煮竹罐。

（二）部位选择

根据病证选取适当治疗部位或穴位。

（三）体位选择

选择患者感觉舒适、医者便于操作的体位，以坐位或卧位为宜。

（四）消毒

医者常规清洗双手，戴一次性医用橡胶手套。

（五）施术方法

（1）煮罐。将竹罐投入药液中，煮沸 5 min 备用。

（2）拔罐。根据拔罐部位选定大小合适的竹罐，捞出甩尽水珠（也可以迅速用折叠的消毒毛巾捂一下罐口，以便吸去药液，降低罐口的温度和保持罐内的热气），迅速扣拔于选定的部位或穴位上，根据病情及部位确定拔罐数量，约 5 ～ 10 min 后，按压罐边使空气进入以取下竹罐（图 10-3-2）。

图 10-3-2　壮医药物竹罐疗法操作

（3）壮医刺血。根据病情选择相应罐印部位或穴位进行壮医刺血，常规消毒皮肤，用一次性注射针头在罐印部位皮肤上迅速浅刺 1 ～ 3 针，以局部少量渗血为度。

（4）再次拔罐。另取煮热的竹罐在刺血部位再次拔罐，约 5 ～ 10 min 后取下竹罐，用消毒干棉球擦净针刺部位的血迹，常规消毒皮肤。

（5）热敷。将消毒毛巾浸于热药液中，捞出拧干，待热度合适时在拔罐部位热敷约 5 min。

（六）施术后处理

（1）拔罐后嘱患者饮加盐或白糖的温开水。

（2）使用过的竹罐、毛巾送消毒供应中心统一消毒。

五、治疗时间及疗程

隔日 1 次或每 3 日 1 次，14 次为 1 个疗程。

六、注意事项

（一）施罐前的注意事项

（1）拔罐治疗室应宽敞明亮、空气流通、室温适宜，要注意让患者保暖。

（2）首次拔罐，应向患者解释清楚，取得患者配合。

（3）让患者选择舒适体位，取坐位或卧位，对年迈患者注意尽量少用俯卧位。拔罐过程中不可随便移动患者体位，以免引起患者疼痛或竹罐脱落。

（4）充分暴露应拔部位，选择肌肉丰厚、皮下组织松弛及毛发少的部位为宜，多毛部位则剃毛。

（5）一般饭后 2 h 内进行，避免过度饥饿而导致晕罐。

（二）施罐中的注意事项

（1）拔罐时尽量甩干水珠以免烫伤患者皮肤。

（2）罐间距离应适中，罐间距过宽会影响疗效，过窄易痛易落。

（3）药罐从药汤取出至扣上皮肤，罐口必须始终朝下。医者须动作迅速，防止外面空气进入罐内，方能使罐紧紧地吸附在皮肤上。

（4）一般留罐 5～15 min。留罐时间视拔罐反应与患者体质而定，肌肤反应明显者、皮肤薄弱者、老年人和儿童留罐时间不宜过长。留罐时间过短，则影响疗效；留罐时间过长，则损伤皮肤。初次接受拔罐者，除应消除其畏惧心理外，拔罐数量也宜少，拔罐时间宜短，待患者适应后再酌情增加。

（5）注意询问患者的感觉，观察其局部和全身反应。

（三）施罐后的注意事项

（1）患者拔罐后宜饮适量温开水，可加少许食盐。

（2）患者拔罐后当天避免接触冷水，同时避免长时间处在温度过低的环境中。

（3）患者注意应保暖、避风寒，尤其是冬天要防寒保暖。

（4）治疗后要适当休息，避免劳累。

（四）效应观察

（1）治疗效应。启罐后吸拔部位出现点片状紫红色瘀点、瘀斑，或兼微热疼痛感，统称罐斑或罐印，属正常反应，1～2天后即自行消失。

（2）病理反应。

①罐斑色深紫，系瘀血为患。

②罐斑色深紫黑，触之痛，伴身热，系热毒瘀结。

③罐斑无皮色变化，触之不温，多为虚寒证。

④罐斑或血泡色淡，多属虚证。

⑤若水气色黄为湿热。

⑥罐斑微痒或出现皮纹，多系风毒为患。

七、可能出现的意外情况及处理

（1）烫伤。若仅出现皮肤潮红灼热，局部用万花油等涂敷即可；若水疱不大，只需告诉患者注意不要擦破，外涂万花油、烫伤膏等，几日后水疱即可被自行吸收而愈；若水疱较大，可以用消毒针具沿皮穿刺，放出水液，外用消毒敷料保护。

（2）晕罐。立即停止拔罐，扶患者平卧，松解其衣带，注意让患者保暖。轻者静卧片刻，给饮温开水，可加糖或食盐，片刻即可恢复。

八、适用的常见病证

（一）发旺（风湿性关节炎）

（1）适宜证型。证属阳证、阴证。

（2）治法。祛风除湿，活血舒筋，散寒止痛，拔毒消肿，疏通龙路火路气机。

（3）操作方法。以壮医梅花穴为主，视病情可取临近穴位。

（4）临近穴位。

①肩关常穴：肩髃、肩贞、肩前。

②肘关常穴：曲池、肘髎、曲泽。

③腕关常穴：阳池、大棱、外关。

④髋关常穴：环跳、髀关、居髎。

⑤膝关常穴：足三里、阴陵泉、阳陵泉。

⑥踝关常穴：解溪、冲阳、丘墟。

隔日1次，一般拔5～7次，2周为1个疗程。

（二）痧症

（1）适宜证型。证属阳证、阴证。

（2）治法。祛风除湿，活血舒筋，散寒止痛，疏通龙路火路气机。

（3）取穴。背部、胸部及四肢。

①经验取穴：风池、风门、外关、肺俞。

②风寒者加列缺，鼻塞者加印堂。

③风热加大椎、阴陵泉、足三里、曲泽。

④咽喉肿痛者加孔最、天突。

⑤头痛加太阳、印堂。

⑥暑湿加大椎、阴陵泉、足三里、曲泽、委中。

隔日1次，一般拔1～3次。

（三）偏瘫

（1）适宜证型。偏瘫（中风恢复期），证属阳证、阴证。

（2）治法。疏通龙路火路，调理气机。

（3）取穴。

①上肢偏瘫：臑俞、肩髃、肩贞、曲池、手三里、大杼、外关、合谷。

②下肢偏瘫：环跳、风市、伏兔、阳陵泉、足三里、悬钟、昆仑、委中、丰隆、阴陵泉。

③经验取穴：大椎、风门、曲池、外关、合谷、环跳、足三里。

隔日1次，2周为1个疗程。

（四）头痛

（1）适宜证型。风热、肝阳上亢所致证属阳证；风寒证属阴证。

（2）治法。祛风除湿，活血舒筋，散寒止痛，拔毒消肿，疏通龙路火路气机。

（3）取穴。

①前额、颞侧取太阳、印堂、眉中。

②枕部、头顶部取颈项上中段两侧压痛点及大椎、外关、太冲、曲池、阳陵泉、天宗。

隔日 1 次，一般 3～5 次为 1 个疗程。

（五）肩周炎

（1）治法。祛风除湿，活血舒筋，散寒止痛，拔毒消肿，疏通龙路火路气机。

（2）取穴。

①肩部梅花穴：即以肩部痛点为中心，上下左右各取一点成梅花穴。

②临近穴位：风池、大椎、肩髃、肩外俞、肩髎、肩贞、天宗。

隔日 1 次，2 周为 1 个疗程。

（六）慢性腰痛

（1）治法。祛风除湿，活血舒筋，散寒止痛，疏通龙路火路气机。

（2）取穴。

①腰部结点。

②肾俞、腰阳关、阳陵泉、委中。

隔日 1 次，2 周为 1 个疗程。

第四节　壮医火罐疗法

壮医火罐疗法是以罐为工具，利用燃烧热力，排出罐内空气形成负压，使罐吸附在皮肤穴位上，造成局部瘀血现象的一种疗法。

一、适应证

壮医火罐疗法可广泛应用于临床各科病证。具体如下。

（一）传统中医（壮医）病证

（1）痹证（风湿病）：骨性关节炎、类风湿性关节炎、强直性脊柱炎、痛风等。

（2）痛症：头、肩、背、腰腿痛，落枕，软组织损伤等。

（3）半身不遂、四肢麻木。

（4）跌打损伤、骨折后瘀血等。

（二）现代西医疾病

（1）内科疾病。感冒，发热，急、慢性支气管炎，胃痛，腹泻，面神经麻痹，头痛，三叉神经痛，中风后遗症等。

（2）外科疾病。疖、疔、疮、痈、疽、丹毒、虫蛇咬伤。

（3）骨科疾病。颈椎病、腰腿痛、肩周炎、落枕、骨折愈合后瘀积等。

（4）皮肤科疾病。痤疮、荨麻疹、神经性皮炎、湿疹、银屑病、皮肤瘙痒症等。

（5）妇科疾病。痛经、乳腺炎等。

（6）儿科疾病。发热、咳嗽、腹泻、消化不良、厌食等。

（7）五官科疾病。牙痛、慢性咽喉炎、扁桃体炎、结膜炎、鼻炎等。

二、拔罐体位

拔罐体位正确与否，直接关系到治疗效果。正确的体位应使患者感到舒适，肌肉放松，充分暴露拔罐部位。通常采用的拔罐体位有如下几种。

（1）仰卧位。适用于头面、前额、胸腹、上下肢前侧及手足部的穴位。

（2）俯卧位。适用于头颈、肩背、腰骶及上下肢后侧的穴位。

（3）侧卧位。适用于头侧、面侧、肩侧、胸侧、下肢外侧等，除与床接触的部位以外的所有其他部位的穴位。

（4）俯伏坐位。适用于头后部、颈项、肩背、腰骶等部位的穴位。

（5）仰靠坐位。适用于头前部、颜面、胸腹、腿前部等部位的穴位。

三、治疗方法

（一）用物准备

治疗盘、火罐（玻璃罐、竹罐、陶罐）、止血钳、95％酒精、火柴/打火机、小口瓶，必要时备毛毯、屏风、垫枕。根据拔罐方法及局部情况备纸片、凡士林、棉签、0.5％碘伏、镊子、干棉球、三棱针或梅花针、纱布、胶布等。

（二）治疗体位

根据要操作的经筋线为患者选择合适的治疗体位，如坐位、俯卧位、仰卧位、侧卧位等。

（三）操作流程

（1）点火。一般采用闪火法，即用长纸条或用镊子夹取95％酒精棉球1个，点燃后伸入罐内中段绕一周（切勿将罐口烧热，以免烫伤患者皮肤），迅速将纸条或酒精棉球退出后，立即将罐按扣在所选部位或穴位上。

（2）拔罐。根据病情需要，可分为下列几种拔罐方法。

①坐罐法：又名定罐法，将罐吸附在患者皮肤上不动，直至皮肤呈现瘀血现象，一般留置 10 min 左右。此法适用于镇痛治疗。

②闪罐法：即将罐拔住后，立即起下，如此反复多次地拔住起下，至患者皮肤潮红充血或瘀血为度。多用于局部肌肤麻木、疼痛等症。

③走罐法：又称推罐法，即拔罐前先在所拔部位的皮肤及罐口上，涂一层凡士林等润滑油，再将罐拔住，然后医者用右手握住罐子，向上下左右需要拔的部位往返推动，至所拔部位的皮肤红润、充血甚或瘀血时，将罐取下。此法宜用于面积较大、肌肉丰厚的部位，如脊背、腰臀、大腿等部位的酸痛、麻木、风湿痹痛等症。

④刺血拔罐法：在对患部进行常规消毒后，先用梅花针叩打，或用三棱针浅刺出血后，再行拔罐，留置 5～10 min，起罐后消毒局部皮肤。多用于治疗丹毒、扭伤、乳痈等。

（3）起罐。右手扶住罐体，左手拇指或食指在罐口旁边按压一下，待空气进入罐内即可将罐取下。

四、注意事项

（1）拔罐过程中随时观察检查火罐吸附情况和患者皮肤颜色。

（2）防止烫伤和灼伤。拔罐时动作要稳、准、快，起罐时切勿强拉。如拔罐局部出现较大水疱，可用无菌注射器抽出疱内液体，外涂龙胆紫药水，保持干燥，必要时用无菌纱布覆盖固定。

（3）凡使用过的火罐，均应清洁消毒，擦干后备用。

五、禁忌证

（1）高热抽搐及凝血机制障碍患者不宜拔罐；皮肤过敏、溃疡、水肿及大血管处不宜拔罐；孕妇的腹部、腰骶部不宜拔罐。

（2）拔罐时应让患者采取适当体位，选择肌肉较厚的部位。骨骼凹凸和毛发较多处不宜拔罐。

六、常见壮医火罐治疗病证

（一）失眠

失眠又称"不寐""不得卧""不得眠"等，是指持续相当长时间对睡眠的质和量不满意的状况。

通过辨证取穴，用大号罐在膀胱经心俞、膈俞、肝俞、胆俞、脾俞、胃俞、肾俞等穴及督脉神道穴先各行闪罐 30 次，利用温热罐体循经往返熨罐 2 次、直行走罐各 5～6 次、旋转走罐 3～4 次，使背部出现潮红色，在阳性点区域进行摇罐 10～15 次使其出现痧样瘀斑后，用排罐法行坐罐，用小号罐在双安眠穴行摇罐 10～15 次后坐罐，治疗部位均留罐 5 min。头痛加太阳；心悸不安加膻中、内关；痰湿重加丰隆；脾胃不和加中脘、足三里；肝肾亏虚加三阴交、涌泉、关元。要求手法轻柔，力度适中，治疗过程中要不断询问患者感受，以患者感觉舒服为宜。每 3 日 1次，每次治疗 15 min，4 次为 1 个疗程，疗程间休息 3～4 日。

（二）颈椎病

颈椎病又称项痹证，是一类以颈肩部压痛、疼痛、酸胀、麻木为主，伴有颈项、上肢活动受限和感觉功能障碍为主症的综合病证。

参照拔火罐操作流程及操作标准，根据患者体质，选择大小适合的火罐，一般采用 2 号或 3 号火罐。在颈、背部取大椎、大杼、肩外俞、肩井、肩髎、天宗等穴及阿是穴，采用闪罐法，3～5 次后，根据患者体质、承受能力、出痧情况予以留罐，时间为 5～10 min 不等，并观察留罐情况，避免吸附力过大及烫伤皮肤等情况的发生。拔罐后给患者一杯温开水，让其休息片刻，以缓解不适，并交代拔火罐后的注意事项。5～7 日后行第二次干预，4 次为 1 个疗程。

（三）中风恢复期

中风又名脑卒中，是由于阴阳失调、气血逆乱、上犯于脑所引起的突然昏仆、不省人事、半身不遂、口舌歪斜；或不经昏扑，仅以半身不遂、口舌歪斜、言语不利、偏身麻木为主要表现的一种病证。病程在 2 周～6 个月时，属中风恢复期。

壮医火罐治疗操作方法如下。

（1）闪罐。在注意让患者保暖和遮挡患者的前提下，让患者取俯卧位，对背部膀胱经、督脉分别从上到下、从下到上进行闪罐。

（2）运罐。持温热罐体循背腰部督脉、膀胱经，往返施以振、摇、揉法，至背腰部皮肤潮红。

（3）走罐。用棉签蘸液体石蜡涂于施术部位上，沿督脉及膀胱经走向推罐，吸拔力的大小以推拉顺手、患者疼痛能忍为宜，观察走罐部位皮肤充血、颜色变为紫红色，尤以局部出现紫色血瘀为最佳。

（4）留罐。用纸巾将施术部位的液体石蜡擦干后，于心俞、肝俞、胆俞、脾俞、肾俞、膈俞、肩井、大椎等穴留罐，留罐时间为 10 min。同时配合功能锻炼，共治疗 8 周为 1 个疗程。

（四）带状疱疹

带状疱疹是水痘－带状疱疹病毒感染性疾病，属中医学"缠腰火丹""缠腰蛇丹"范畴，俗称"蜘蛛疮""蛇盘疮"。中医学认为本病多由湿热毒邪侵袭，搏结于肌肤，阻滞经络，经气运行不畅，络脉瘀而不通，故症见灼热疼痛；热毒蕴结于血分，则发红斑；湿热凝滞肌肤不得疏泄而发为疱疹。故湿热毒邪蕴结肌肤，阻遏经络为本病的病因病机。治疗多以清利湿热、凉血解毒、通络止痛为主。本病主要表现包括：①皮疹出现前，常先有皮肤刺痛或灼热感。②皮损多为簇集性粟粒状大丘疹，迅速变为水疱，疱壁紧张，基底色红，常单侧分布，排列成带状；严重者皮损可表现为出血性，或可见坏疽性损害。③自觉疼痛明显，可有难以忍受的剧痛或皮疹消退后遗疼痛。

治法：解表透斜，祛湿毒。

壮医火罐治疗方法为在带状疱疹处及疼痛部位拔火罐，每次 10 min（拔罐过程中避免拔起泡），每天 1 次，2 周为 1 个疗程，可使疼痛完全缓解而不留后遗神经痛。

（五）咳嗽

咳嗽是指肺失宣降，肺气上逆，发出咳声，或咳吐痰液的一种肺系病证，有声无痰称为咳，有痰无声称为嗽，有痰有声称为咳嗽。壮医认为"三道"中气道受阻，气运行不畅，故见咳嗽。临床多见咳嗽，喉痒声重，痰多清稀或咳嗽痰稠，无发热，或伴感冒症状。

治法：宣肺化痰止咳，通气道。

使用壮医火罐疗法配合火针疗法进行治疗。穴位选用大椎、肺俞（双）。操作方法：皮肤常规消毒，选用中粗火针（儿童和体弱者可选细火针），每穴速刺 2 针，入皮深 0.5 cm，针后用大号火罐每穴拔吸 5 min，每针孔出血数滴。起罐后用消毒棉球擦干血迹。针孔 3 日内避免见水，以防感染。每 3 日治疗 1 次，3 次为 1 个疗程。

（六）小儿腹泻

腹泻是以排便次数增多、粪便稀溏甚至如水样为主症的病证，多由脾胃运化功能失职、湿邪内盛所致。壮医认为谷道运化功能失职，阻碍"三道两路"，使天地人三气不能同步而致病。

治法：祛湿止泻，通调谷道。

壮医火罐疗法具有独特的祛湿、泄热、解毒功效，能促进代谢、增强免疫力，有利于控制腹泻。操作方法：取中型或小型火罐，用闪火法将罐吸拔于大肠俞穴，留罐 5～10 min，每日 1 次，3～4 日为 1 个疗程，痊愈患儿随诊 10 日。

参考文献

[1] 葛江涛，贾中鑫．药酒火攻治疗乳腺增生症 60 例 [J]．中国民间疗法，2016，24（3）：21．

[2] 郭强中，汪蓉，陈敏军．雷火灸研究进展 [J]．现代中西医结合杂志，2011，20（18）：2338-2340．

[3] 吉星云．壮医火攻疗法治疗类风湿关节炎活动期临床疗效研究 [D]．南宁：广西中医药大学，2019．

[4] 雷玉婷，王和生，刘兰英．灸法治疗带状疱疹 [J]．吉林中医药，2015，35（1）：81-84．

[5] 梁舜．火攻治疗寻常疣 30 例 [J]．中医外治杂志，2008，17（5）：42．

[6] 刘建新，吴雪梅．中医灸法概述 [J]．光明中医，2004，19（3）：33-34．

[7] 刘孟兰，乌力吉吉日嘎拉．蒙药外敷疗法治结合蒙医火疗治疗慢性风湿性关节炎 130 例临床研究 [J]．世界最新医学信息文摘（连续型电子期刊），2016，16（47）：226．

[8] 刘书华，余黔林．苗族医药火灸疗法治疗腰椎间盘突出症 129 例 [J]．中国民族医药杂志，2012，18（7）：15-16．

[9] 陆廷信，潘文斌，王丽荣．瑶医火攻疗法治疗脾肾阳虚型功能性便秘 34 例 [J]．中国中医药现代远程教育，2017，15（3）：109-111．

[10] 孟庆良，任泓吉，谷慧敏，等．益肾蠲痹汤配合火攻疗法治疗强直性脊柱炎 [J]．中国实验方剂学杂志，2013，19（4）：323-325．

[11] 南知周本.藏医火灸疗法简述 [J].中国民族医药杂志，2014，20（8）：15.

[12] 潘文斌，陆廷信，王丽荣.瑶医火攻疗法治疗肠易激综合征60例临床疗效观察 [J].中国民族民间医药，2015，（1）：10-11.

[13] 潘文斌，赵建峰，陆廷信，等.瑶医火攻辨证分型治疗功能性便秘的临床观察 [J].中国民族民间医药，2016，25（22）：80-82.

[14] 覃国良.壮医火攻疗法结合中药治疗腰痛30例 [J].广西中医药，2010，33（3）：22-23.

[15] 谭方，王爱铭，汤莉.瑶药配合火攻疗法治疗痛经的疗效观察 [J].广西中医药，2017，40（6）：73-74.

[16] 王筱锋.火攻疗法治疗小儿虚寒泻32例疗效观察 [J].中国中医药科技，2016（4）：455-456.

[17] 王筱锋，高冠闽.手法配合火攻疗法治疗陈旧性踝关节扭伤68例 [J].中国民间疗法，2013，21（3）：25.

[18] 王筱锋，朱倩.中医特色火攻疗法治疗原发性痛经31例 [J].中国民间疗法，2013，21（8）：17.

[19] 吴焕淦，刘立公，陈跃来，等.灸法的继承与创新 [J].上海针灸杂志，2007，26（12）：39-41.

[20] 吴焕淦，严洁，余曙光，等.灸法研究的现状与发展趋势 [J].上海针灸杂志，2009，28（1）：1-6.

[21] 叶丰宁.土家医赶油火疗法治疗类风湿性关节的疗效及理论探讨 [D].恩施：湖北民族大学，2014.

[22] 袁庆忠，覃文波.民间火功疗法治疗肩周炎50例 [J].广西中医药，1995，（6）：41.

[23] 赵红娟，王凤德，陆新，等.棒火攻疗法联合上肢OT训练治疗脑卒中后肩手综合征60例临床观察 [J].中国民族民间医药，2018，27（17）：132-134.

[24] 钟鸣.中国壮医病症诊疗规范 [M].南宁：广西科学技术出版社，2009.

第十一章　其他壮医疗法

第一节　壮医埋线疗法

一、埋线疗法概述

广义的埋线疗法是指将经药物处理过的或单纯的异体组织物进行皮下埋藏或注射，进而达到调节经络、平衡阴阳、改善机体免疫力等功效的一种治疗方法。狭义的埋线疗法则是指穴位埋线疗法，即在针灸理论指导下，通过将可吸收缝线埋入特定的穴位达到治疗相应疾病或改善相应系统功能的目的。

穴位埋线疗法的历史追溯主要有两个源头：一是留针疗法和埋针疗法。其理论依据源自《灵枢·终始》："久病者，邪气入深。刺此病者，深内而久留之。"张景岳曰："久远之疾，其气必深，针不深则隐伏病不能及，留不久则固结之邪不能散也。"故穴位埋线疗法伊始主要用于治疗慢性病及久治不愈的顽疾。《素问·离合真邪论》言："静以久留，无令邪布……以得气为故。"穴位埋线疗法通过线体材料在体内逐渐软化、分解、液化、吸收的过程达到对穴位的持久刺激作用，激发腧穴局部得气感应。二是苏联费拉托夫教授在1933年将由动物组织等制备成的组织物或浸液进行埋藏或注射而创立的组织疗法，亦称生物原刺激素疗法。然而此时组织埋藏的位置并非穴位。20世纪60年代，通过我国中医名家唐天禄（首次提出穴位埋线）、殷德厚（现代发表穴位埋线论文第一人）、陆建（发明医用埋线针）等前辈们的不懈努力，才使得现代穴位埋线技术逐步推广开来。因此，穴位埋线疗法不仅是古代针灸疗法的延伸和发展，更是中医经络理论与西医物理医学相结合的产物。

二、埋线疗法操作

（一）技法种类

穴位埋线疗法的治疗技法种类繁多，归纳总结为4种：①手术式埋线法，如切埋法、割埋法、结扎埋法等。②刺入式埋线法，如缝合针法、注射针法（图11-1-1）、腰穿针法等。③埋线针埋线法，如专用埋线针埋线法、一次性埋线针埋线法（图11-1-2）。④特殊手法刺入式埋线法，如"线体对折旋转"埋线法、"埋线针刀"埋线法、"手卡指压式"星状神经节埋线术。其中，手术式埋线法成形于早期穴位埋线时期，遵循的是传统手术切开理念，由于创伤相对较大，已逐步被替代。目前应用最广泛的技法是微创穴位埋线法，即刺入式埋线法和埋线针埋线法，这两种方法均为微创操作，更易被患者接受。

图11-1-1 一次性注射针头　　　　图11-1-2 一次性穴位埋线针

（二）取穴与配穴

选取穴位是运用穴位埋线疗法治疗疾病的基础，能否正确选择穴位很大程度上影响着疗效的优劣。这就要求医者在临证时应根据患者实际情况做出比较分析，在辨证原则的指导下，掌握主证，选择有效的治疗部位或穴位进行治疗。目前在临床上，穴位埋线疗法的取穴特点通常包括辨证取穴、循经取穴、局部取穴、经验取穴、按敏感反应取穴、按特定穴取穴、按脊神经节段取穴等。

配穴是在选穴的基础上，选取两个或两个以上、主治相同或相近、具有协同作用的穴位，加以配伍应用的方法，配穴的目的是加强腧穴的治病作用，配穴是否得当，直接影响治疗效果。常用的配穴方法主要包括本经配穴、俞募配穴、表里经配穴、上下配穴、前后配穴和左右配穴等。

（三）操作方法

让患者选取适当体位，常用仰卧位或俯卧位，对选定的穴位进行常规消毒。根据穴位的可刺深度及穴区组织结构、病情证型情况，选择镊取一段粗细适宜、长1～2 cm的医用可吸收缝线，放置在穴位埋线针管前端，后接针芯。左手拇指、食指绷紧或捏起进针部位皮肤，右手持针缓缓刺入至所需深度，当出现针感后，边推针芯边退针管，将可吸收缝线埋植在穴位皮下组织或肌层内。出针后用消毒干棉球按压针孔 15～30 s 以防出血，针孔处可敷盖创可贴。

（四）注意事项

（1）严格无菌操作，勿将线头暴露皮外以防感染。

（2）严格掌握埋线深度，埋线部位应不妨碍机体的正常功能和活动，要避免伤及内脏、脊髓、大血管和神经干，不应埋入关节腔内。

（3）患者埋线后应避免剧烈运动，勿吃辛辣刺激性食物。

（4）告知患者局部若有轻度肿胀、发痒感或体温轻度升高（< 37.5 ℃），属正常反应，无须处理，通常 3 天至 1 周后可自行缓解。

（五）禁忌证与慎用证

（1）禁止在患者皮肤有炎症、感染、溃疡或破损处埋线。

（2）禁止在孕妇的腹部、腰骶部及合谷、三阴交等穴位埋线。

（3）禁止对晕针者、严重心脏病患者使用穴位埋线疗法。

（4）禁止对因严重皮肤病、糖尿病及其他各种疾病引起皮肤和皮下组织吸收和修复功能障碍者使用穴位埋线疗法。

（5）有出血倾向的患者慎用穴位埋线疗法。

（6）患者精神紧张、大汗、劳累或饥饿时慎用穴位埋线疗法。

（7）女性月经期慎用穴位埋线疗法。

（8）严重过敏体质者及 5 岁以下儿童慎用穴位埋线疗法。

三、埋线疗法应用

研究发现穴位埋线疗法的作用机制在中西医理论的理解上不尽相同。穴位埋线疗法的中医作用机制为留针及埋针效应、协调阴阳及平衡脏腑、通经活络及平调气血、补虚泻实及扶正祛邪，而穴位埋线疗法的西医作用机制为恢复神经功能、调控神经反射、增强人体免疫力、改善局部循环、抑制炎性因子释放、调节细胞因子、改善机体代谢。尽管上述两种机制阐述各不相同，但是通过大量的临床实践应用发现，穴位埋线疗法在治疗多系统慢性疾病中具有良好的疗效。下面就列举部分常见疾病及其埋线穴位选择。

（1）呼吸系统疾病。慢性支气管炎、支气管哮喘、鼻炎、过敏性鼻炎等（表

11-1-1）。

表 11-1-1　呼吸系统疾病埋线穴位选择

疾病名称	埋线穴位选择			
	第一组	第二组	第三组	第四组
慢性支气管炎	定喘、膻中、八华	肺俞、丰隆、木穴	曲池、足三里	大椎、内庭
支气管哮喘	定喘、丰隆、膏肓俞	膻中、气海、厥阴俞	—	—
鼻炎	肺俞、迎香、驷马三	曲池、足三里	大椎、内庭	—
过敏性鼻炎	肺俞、迎香、足三里	曲池、大椎、木穴	太溪、脾俞、命门、列缺	—

（2）消化系统疾病。慢性胃炎、便秘、慢性胆囊炎等（表 11-1-2）。

表 11-1-2　消化系统疾病埋线穴位选择

疾病名称	埋线穴位选择		
	第一组	第二组	第三组
慢性胃炎	中脘、肺俞透胃俞、内关	上脘、足三里、胆俞	梁门、阳陵泉、太冲
便秘	大肠俞、天枢、上巨墟	归来、下巨墟、曲池、支沟	热结配合谷，气滞配中脘、行间，气虚配灸神阙
慢性胆囊炎	胆俞透肝俞（右）、膈俞、阿是穴	期门、胆囊（右）、足三里、阳陵泉	—

（3）心脑血管系统疾病。高血压、偏头痛、高脂血症等（表 11-1-3）。

表 11-1-3　心脑血管系统疾病埋线穴位选择

疾病名称	埋线穴位选择		
	第一组	第二组	第三组
高血压	血压点、足三里、合谷	心俞、曲池	肾俞、太冲
偏头痛	三阳络、风池、太阳、百会	—	—
高脂血症	脾俞、肝俞、胆俞、胃俞	痰瘀阻滞配三焦俞，活血化瘀配肾俞、膀胱俞	—

（4）泌尿生殖系统疾病。前列腺增生、月经不调、更年期综合征等（表 11-1-4）。

表 11-1-4　泌尿生殖系统疾病埋线穴位选择

疾病名称	埋线穴位选择		
	第一组	第二组	第三组
前列腺增生	关元、三阴交	中极、太溪、长强	次髎、曲骨
月经不调	脾俞、中极、三阴交	肾俞、关元、血海	足三里、太冲、子宫
更年期综合征	中极、阴陵泉	足三里、内关、太冲	肝俞、三阴交

（5）运动系统疾病。颈椎病、腰椎间盘突出症、颈肩肌筋膜炎、强直性脊柱炎、肩周炎、骨性关节炎等（表 11-1-5）。

表 11-1-5　运动系统疾病埋线穴位选择

疾病名称	埋线穴位选择		
	第一组	第二组	第三组
颈椎病	风池、天柱、大椎	神经根型配肩井、胛缝、曲池、合谷、后溪、养老，脊髓型配足三里、太阳、外关、委中、阳陵泉、环跳、胛缝	次髎、曲骨
腰椎间盘突出症	椎旁阿是穴	L3～4突出配脾关、迈步，L4～5突出配环跳、风市、阳陵泉、丰隆，L5～S1突出配承扶、殷门、承山、委中	—
颈肩肌筋膜炎	风池、颈棘突旁、肩外俞透肩中俞、阿是穴	大杼透风门、秉风透曲垣、天宗透阳陵泉	—
强直性脊柱炎	肾俞、命门、肝俞、脾俞、腰阳关、腰眼	病变在部配环跳、髀关	—
肩周炎	极泉透肩贞、条口透承山、（患侧）肩前、肩后	肩髃、天宗、肩髎、肩胛上神经卡压点	—
骨性关节炎	犊鼻、外膝疾、阴陵泉	鹤顶、阳陵泉、委中	梁丘、内膝疾、阿是穴

四、壮医埋线疗法

壮医埋线疗法源于穴位埋线理论基础，方法是将可吸收缝线埋入腧穴，利用可吸收缝线对腧穴的持续刺激作用，激发经气，调和气血，以达到防治疾病的目的（图 11-1-3）。在临床上，壮医埋线疗法根据病证特点，辨证论治，取穴配方，发挥针刺、经穴和线本身的综合作用，具有刺激性强、疗效持久等特点。

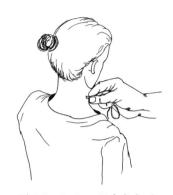

图 11-1-3　颈肩部埋线

（一）适应证

可广泛应用于临床各科病证。

（二）部位选择

根据不同病证辨证取穴，或根据经筋摸结的触诊法选取阳性筋结点。

（三）治疗方法

1. 用物准备

一次性埋线针、可吸收缝线（蛋白线）、治疗盘、75% 酒精棉球、2.5% 碘酊、镊子、干棉球，必要时备消毒纱布、胶布等。

2. 治疗体位

让患者采取合适的体位，一般取卧位，须防止患者改变体位，以免影响取穴的准确性。

3. 操作步骤

（1）消毒。

医者消毒：施术前医者应用肥皂水洗擦双手，再用 75% 酒精棉球擦拭后才可持针操作。

施术部位消毒：在施术部位用 75% 酒精棉球从进针的中心点向外扩展绕圈擦拭；或先用 2.5% 碘酊涂擦，稍干后再用 75% 酒精脱碘。已消毒后的皮肤应避免再接触污物，以防重新污染。

（2）进针。用一手拇指和食指固定拟进针穴位，另一只手持针刺入穴位，达到所需的深度后，施以适当的提插捻转手法，当出现针感后，边推针芯，边退针管，将可吸收性外科缝线埋植在穴位的肌层或皮下组织内。拔针后用无菌干棉球

(签)按压针孔止血（图 11-1-4、图 11-1-5）。

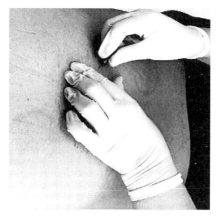

图 11-1-4　背部埋线进针　　　　　　图 11-1-5　腹部埋线拔针

第二节　壮医活体水蛭疗法

一、物种介绍

水蛭（*Hirudo*）属于环节动物门（Annelida）水蛭纲（Hirudinea）咽蛭目（Rhynchobdellae）水蛭科（Hirudinidae），在我国俗称医蛭、牛鳖、蚂蟥等。水蛭外形体长稍扁，蠕动后呈圆柱形，体长 2 ～ 15 cm，宽 0.2 ～ 1.5 cm；背面绿中带黑，有 5 条黄色纵线，腹面平坦，灰绿色，无杂色斑，整体环纹显著；前后各具 1 个吸盘结构，前吸盘负责进食，后吸盘具有吸附功能，可协助前吸盘移动机体（图 11-2-1）。

图 11-2-1　水蛭活体

水蛭分布于除南极洲外的所有大陆，在全世界约有 680 种。目前我国已发现水蛭种类逾 100 余种，主要分布于华中及华南地区。多数水蛭因以吸取脊椎动物或无脊椎动物的血液为生而被称为吸血水蛭，代表种类为日本医蛭、菲牛蛭（又名金边蚂蟥）。少数不吸血的水蛭则以贝壳类生物、蚯蚓及昆虫幼虫等作为食物来源，其中典型代表为宽体金钱蛭、尖细金钱蛭（又名茶色蛭）。

二、历史记载

水蛭最早被记载用于医疗可追溯至五千年前的古埃及，我国对水蛭的研究与应用也有两千多年的历史。在医史文献中，水蛭最早记载于《神农本草经》中，称其"味咸平，逐恶血、瘀血、月闭"，具备"血瘕积聚"的功效。汉代张仲景在其《伤寒杂病论》中利用水蛭方"去瘀生新，攻逐蓄血"。宋代《本草图经》通过比较水蛭的生活环境差异将其分为水蛭（又叫蚂蟥）、石蛭、草蛭和泥蛭 4 个品种，首次比较系统地总结了水蛭的分类。明代李时珍的《本草纲目》中对水蛭的应用已有较全面的记载，主要用于治疗产后血晕、跌打损伤及红白毒肿等症。近代名医张锡纯认为："凡破血之药，多伤气分，惟水蛭味咸专入血分，于气分丝毫无损。且服后腹不觉疼，并不觉开破，而瘀血默消于无形，真良药也，愚治妇女月闭癥瘕之证，其脉不虚弱者，恒但用水蛭轧细，开水送服一钱，日两次。虽数年瘀血坚结，一月可以尽消。"《中华人民共和国药典》（2010 年版）规定，可入药的水蛭为日本医蛭（*Hirudo nipponica*）、宽体金线蛭（*Whitmania pigra*）或尖细金线蛭（*Whitmania acranulata*）的干燥全体。水蛭性平，味咸、苦，有小毒，归肝经，具有破血通经、逐瘀消癥的功效，主治血瘀经闭，癥瘕痞块，中风偏瘫及跌打损伤。

三、现代医药价值

和古代中国应用水蛭治疗"瘀血、月闭"类似，18 世纪的欧洲国家同样使用水蛭预防血栓，促进伤口愈合。直至 1884 年，威尔士医生海克拉夫特首次发现水蛭咽部会分泌一种水溶性抗凝物质，1904 年，英国科学家雅各布将其正式命名为水蛭素（Hirudin）。1955 年，德国科学家马克沃德特（F. Markwardt）首次从吸血水蛭体内分离提取出较纯的天然水蛭素，此后对水蛭素的纯化和标准化技术日臻完善。水蛭素包括了 65 ~ 66 个氨基酸组成的小分子蛋白质（多肽），对凝血酶有极强的抑制作用，是迄今为止世界上已知的抗凝效果最佳的天然凝血酶抑制剂（图

11-2-2）。2004 年，美国食品药品监督管理局（FDA）批准医用水蛭可以公开销售及人工合成水蛭素可以用于部分适应证的临床治疗。

图 11-2-2　水蛭素分子式

　　动物试验和临床研究均表明，静脉或皮下注射水蛭素均不会产生明显的毒副作用，目前水蛭素已被广泛应用于抗凝、抗血栓、抗血管内皮纤维化、降脂、消肿、抗炎、抗肿瘤等方面。李文等通过对 7 种水蛭抗血小板聚集与抗凝血的实验研究，证明日本医蛭、菲牛蛭、湖北牛蛭在这两个方面均有明显的作用。曹斌等研究发现菲牛蛭可降低高脂血症鹌鹑的血脂，同时对其血液流变学有改善作用。胡耀红通过给动脉粥样硬化实验大鼠注射高剂量水蛭素，发现大鼠血液内甘油三酯（TG）、低密度脂蛋白（LDL）均明显降低，而 TG 与 LDL 通常被认为会促进动脉粥样硬化的发生与进展。更让人惊喜的是，水蛭提取物在抗肝癌、阻碍前列腺癌转移等研究方面取得了积极成果。除此之外，应用活体菲牛蛭吸血法治疗皮瓣静脉瘀血、痛风性关节炎有一定疗效。生物疗法充分体现了其作用直接、行之有效的鲜明特点，适宜在整形美容外科及相关学科中推广应用。

　　水蛭在骨伤科方面的研究主要集中在骨性关节炎的治疗，国外开展骨性关节炎疼痛研究的 Meta 分析发现水蛭疗法具有短期快速镇痛作用（证据级别强）以及长期轻度止痛作用（证据级别中等）。Michalsen A 等在水蛭疗法对骨性关节炎的短期疗效研究中纳入 51 例膝关节骨性关节炎患者进行一项随机对照研究，结果显示，接受水蛭疗法治疗膝关节骨性关节炎的患者在有限时间内疼痛得到显著改善。此外，单一应用水蛭疗法对运动功能和关节僵硬度的改善可以持续至少 3 个月。由于该项研究评估具有局限性，还需在更大的随机研究中对该治疗方法的有效性和安全性（尤其重复治疗时）进行进一步的评估。同时，水蛭疗法对于骨性关节炎的潜在作用及其药理学特性仍需进一步明确。另外，还需要对水蛭唾液中以及局部释放（即在滑膜液中）的活性化合物进行进一步研究。目前，尚无药物具有类似的持久疗效。对水蛭唾液抗炎化合物的进一步研究可能促进新型有效治疗骨性关节炎的药物出现。Stange R 等在 Andreas Michalsen 等的研究基础上进行完善和补充，纳入 113 例晚期膝关节骨性关节炎患者进行了一项随机对照研究，结果发现水蛭疗法可以减轻骨性关节炎引起的症状，接受 2 次水蛭治疗的受试者，其关节僵硬度及运动功能得到改善。目前已知水蛭唾液中的几种物质包括药理活性物质如凝血酶抑制剂和抑制 Xa 因子的水蛭素以及组胺样血管扩张剂、激肽释放酶和胰蛋白酶抑制剂，几种蛋白酶抑制剂和麻醉剂也已被分离出来。透明质酸酶可以蔓延到更深层组织和关节腔内，但其对关节相关组织机制尚不明确。水蛭素具有抑制凝血酶的能力，抗炎过程中同时也可抑制滑膜刺激蛋白（一种滑膜成纤维细胞生长因子）。通过延长放血时间可能间接性的有助于增强局部镇痛、血液稀释和抗炎作用。这只能通过测试水蛭唾液中的每一种物质来证明。Koeppen D 等在医用水蛭用于疼痛综合征的治疗中获得的临床证据表明，水蛭疗法可大大减轻骨性关节炎患者的疼痛。

四、壮医水蛭疗法

（一）概述

壮医水蛭疗法选择的水蛭种类为菲牛蛭（*Poecilobdella manillensis* Lesson），别名金边蚂蟥、马尼拟医蛭，多生活于水田、沟渠或池塘里，主要依赖吮吸人和脊椎类动物（如牛、蛙类）的血液为生。菲牛蛭主要分布于菲律宾、越南、泰国等东南亚国家及我国南部的广东、广西、福建、海南等省区。在相关抗凝活性研究中发现，菲牛蛭唾液腺分泌的天然水蛭素对比其他吸血水蛭种类而言，具备的抗凝活性是最高的。

壮医水蛭疗法是通过利用饥饿的菲牛蛭进行吸血以达到防治疾病目的的一种壮医外治疗法。是集针法（针刺穴位）、放血疗法（吸出瘀血、毒血）、血液给药疗法（注射给药）等多种疗法于一体的综合性生物活体疗法。具有化瘀毒、清热毒、消肿痛、通调龙路火路气机等功效。

（二）适应证

该疗法主要用于发旺（风湿性关节炎）、隆芡（痛风）、骆芡（骨性关节炎）、滚克（类风湿性关节炎）、令扎（强直性脊柱炎）、本毕（银屑病关节炎）及痛症如颈肩腰腿痛、痧病等。

（三）禁忌证

（1）严重过敏体质者禁用。

（2）患出血性疾病、有出血倾向或损伤后不易止血者禁用。

（3）精神病患者或精神高度紧张、狂躁不安、抽搐不能合作者禁用。

（4）体质虚弱、极度消瘦者禁用。

（5）孕妇禁用。

（四）操作步骤及要求

1. 用物准备

医用水蛭1～4条（采用经过严格人工清养消毒的水蛭，经3～6个月清养）、一次性注射针头、田七止血粉或云南白药、创可贴、一次性医用橡胶手套、复合碘皮肤消毒液、生理盐水、医用棉签、无菌纱布、胶布、95%酒精等。

2. 部位选择

根据病证选取适当治疗部位或穴位。

3. 体位选择

选择患者感觉舒适、医者便于操作的体位，以坐位或卧位为宜。

4. 消毒

（1）医者消毒。医者常规清洗双手，戴医用橡胶手套。

（2）施术部位消毒。施术前用碘伏消毒施术部位皮肤，再用生理盐水局部清洗（避免水蛭闻到消毒液味而不吸血）；术毕用常规碘伏消毒施术部位皮肤。

5. 施术方法

（1）刺血。用一次性针头浅刺，挤压出少许血。

（2）吸血。用镊子夹取水蛭，放到浅刺出血部位令其吸血，一般第一次放1条，之后增至2～4条（图11-2-3）。

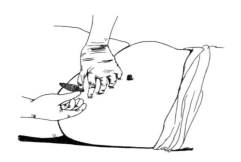

图 11-2-3　水蛭疗法

（3）监视。从水蛭吸血开始，医者全程监视。通常情况下水蛭饱食后自动脱落时间为 1 h 左右，如果超过 1 h 水蛭未脱落，可使用淡盐水点滴水蛭使其脱落。

（4）止血。水蛭脱落后，其叮咬的伤口会继续流出少量的血，可用消毒棉签压迫止血。出血较多者可予田七止血粉或云南白药加创可贴固定伤口，外加无菌纱布，用胶布固定。

6. 术后处理

取下吸饱血的水蛭（图 11-2-4），将其用食用盐水或 95% 酒精浸泡处死，或用开水烫死，按感染性废物处理。

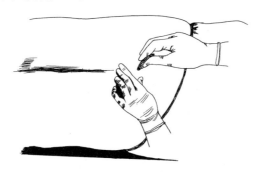

图 11-2-4　取下饱血水蛭

（五）治疗时间及疗程

隔 3～5 日治疗 1 次，14 日为 1 个疗程，或中病即止。

（六）注意事项

（1）嘱患者如伤口瘙痒或者红肿时不要抓挠，以防感染。

（2）压迫止血 3 日，以防出血。

（3）水蛭的吸口瘢痕一般在 3 个月左右（最长不会超过 6 个月）就会自行消

失，不需要做任何处理。

（七）可能出现的意外情况及处理

可能会出现患者皮肤过敏的情况。应告知患者勿抓挠过敏处，可外涂皮炎平止痒。

第三节　体疗保健——三气养生操

一、概述

三气养生操是由广西国际壮医医院创制的体疗保健操，其动作主要根据壮乡人民的日常生活及左江花山岩画衍生而来。壮族先祖骆越人体格健壮，离不开长年累月的劳作及锻炼，而花山岩画则将骆越民众这些生动而丰富的社会生活融合在一起。广西国际壮医医院医疗专家根据壮医三气同步理论，吸取壮族先祖锻炼的精髓，并结合壮乡的天时和地理特点，创制了最适合壮乡民众强身健体的三气养生操。其既注重宏观功力即天地人三气同步运行，又注意微观功力即躯肢脏腑、气血体能、经络信息的同步调节，能起到养身健体、祛邪扶正的功效。

二、三气养生操的习练步骤

（1）上托侧屈调天部。跨出左脚，与肩同宽，上举双手，收拢吐气，反转上托，似蛙张手。向左侧屈，蛙形回正；向右侧屈，蛙形回正。换侧重复（图11-3-1、图11-3-2）。

图11-3-1　上托右侧屈　　　　　　图11-3-2　上托左侧屈

（2）双手托莲攀花山。双手叉腰，马步张开，双手托莲，上下摆手，左右交替。左转上举，蛙形下收，握固回正；右转上举，蛙形下收，握固回正。换侧重复（图11-3-3）。

图 11-3-3　双手托莲攀花山

（3）左右开弓在地部。左脚左手，屈伸有和，右手右脚，屈伸有和，左转弓步，收脚上举，蛙形下蹲，转身回正。换侧重复（图11-3-4、图11-3-5）。

图 11-3-4　左屈右伸　　　　　　　　图 11-3-5　右屈左伸

（4）手脚并用来驱毒。向左转身，上举微落，跨步回正，上举侧伸，左脚离地，上举伸展，微蹲下落，起身回正。换侧重复（图11-3-6、图11-3-7）。

图 11-3-6　右开弓　　　　　　　　　图 11-3-7　左开弓

（5）弯腰摇身主人和。跨出左脚，如蛙站立，弯腰屈身，左旋伸展，摇身回正，右旋伸展，摇身回正，如蛙站立。换侧重复（图 11-3-8）。

图 11-3-8　摇身回正

（6）上举下按通三气。跨出左脚，双手反穿，仰头上举，左转下按，叉腕正中，右转下按，叉腕正中，上举下按。换侧重复（图 11-3-9、图 11-3-10）。

图 11-3-9　左转下按

图 11-3-10　右转下按

三、三气养生操的内涵与升华

三气养生操外修可使天地人三气同步，内修则可"调身、调息、调心"，这既是习练三气养生操的三大要素，也是实现其养生功效的基础与前提。只有反复练习，熟练掌握之后融会贯通，方能做到形神兼备、内外兼修、意气相合。"调身"即在熟练掌握三气养生操动作要领的基础上，不断纠正与调整每个动作，待动作熟练与规范之后再进行下一阶段的练习。"调身"的最基本要求是形正体松，对三气养生操中的伸、举、跃、转、跳等动作都要做到势正招圆，松紧有度，定势有样。古人云："形不正则气不顺，气不顺则意不宁，意不宁则神散乱。"可见，"调身"是手段，是基础，只有形正体松，动作自然连贯，才能气定神敛，从而达到"调心"的目的。"调息"即根据习练要求，主动地调整呼吸的频率、节律、深度等，这在三气养生操的习练中具有非常重要的意义。如果呼吸不流畅，心神就容易涣散而无法凝聚，动作也会散乱，因此对于初学者来说，在熟练掌握三气养生操的动作要领之后，一定要注重"调息"的练习。"调心"即自觉主动地调整人的精神意识和思维活动，以使人在习练三气养生操的过程中有一个健康的心理活动，情绪稳定，意识坚定。另外，"抱神以静，形将自正"，说明只要心神安宁，自然会气息平和、形正体松。

第四节 体疗保健——壮医绣球操

一、概述

绣球是广西的传统民艺，是壮乡最具特色的民俗象征之一，有着悠久的历史文化内涵。在不同历史时期，绣球承载着不同的时代内涵，彰显各地的文化特色，反映当地的社会经济、文化形态的变迁。绣球是壮乡人民的吉祥物，也是壮乡青年男女传递爱情的信物。绣球的历史可追溯到 2000 多年前，当时用以甩投的是青铜铸造的古兵器"飞砣"，并且多在作战和狩猎中运用。唐代时期，人们用棉布、麻布或丝绸模仿"飞砣"形状制成布囊，相互抛接娱乐。这类布囊内充棉花籽、谷壳、谷粟等，并手工刺绣上一些吉祥图案，当时称之为"布刺"。到了宋代，绣花布囊发展成为"五色球"。此时，抛"五色球"便与壮族的仪式活动联系在一起了。直至演变为后来的绣球，作为壮族的传统民艺，与壮族民俗生活、传统体育活动紧密相连，有其特殊的实用性及趣味性。每逢重要的节日，如春节、"壮族三月三"、中秋节等节日时，壮族人民都会敲起铜鼓，自发组织互抛绣球来娱乐。

壮药绣球是在壮医理论指导下，依据壮医香囊佩药疗法，选用壮药加工成药粉置于绣球内，佩挂于患者颈胸前，令患者通过气道吸收药物的挥发成分，从而畅通龙路火路气血运行，鼓舞正气，驱邪外出，达到治病目的的一种方法。绣球中的药粉主要是取肉桂、川芎、薄荷、八角等 10 多味壮药制作而成，具有芳香化湿、温中散寒、理气和中、活血通络的作用。

壮医绣球操则是广西国际壮医医院医护人员结合筋骨养护理论，根据颈、肩、腰、腿等疾病特点，针对疾病康复锻炼及预防而创作的养生操，简单易学，易推广。该养生操结合了壮药及壮医经筋疗法中的"摸结诊病、解结治病"理论，通过壮药绣球对相应筋结进行捶打及拉筋，对由于肌筋劳损、复感风寒、湿毒邪使得筋结形成而阻塞"三道两路"导致的各类痛症（颈椎病、肩周炎、腰椎间盘突出症、膝关节炎等），神经衰弱，疲劳和亚健康等疾病起到防病治病、强身健体、保健养生的作用。

二、壮药绣球操的内涵

壮药绣球操集传统导引学说精髓及壮医学养生治疗特色理论于一体，博采众长，凝聚了诸多壮医学领域专家学者的辛劳和汗水，是群体智慧的集中体现。壮药绣球操坚持中医、壮医、运动训练等多种学说理论共存原则，具备显著的养生保健及防病治病功效，其动作编排符合人体生理学、解剖学及运动训练学规律，安全可靠。其运动形式集有氧性、抗阻力、平衡性及灵活性于一体，涵盖了肌少症治疗运动训练的多种要求，又因其趣味性和易于操作性，比之常规运动训练更易被患者认可与接受。

三、壮药绣球操的习练步骤

（一）举球拉筋拍结

动作要点：拉伸双上肢筋结，敲打颈龙脊、止吐（图11-4-1）。

图11-4-1　举球拉筋拍结

作用：此动作主要运动三角肌、肱三头肌、斜方肌等肌肉，通过拉伸肩部筋结，使肩关节外展、内收，上肢关节、肌肉得到舒展，可缓解肩、肘关节肌肉疼痛及活动不利等症状。同时通过敲打刺激天部颈龙脊、止吐，调节谷道、水道、气道及龙路、火路。

（二）振肘扁担肩关

动作要点：伸右脚同时上身向右侧，拉伸左侧腰部筋结，同时拍打左侧扁担，在甩手收回的同时拍打肩关及地部龙脊，做4个八拍。换手重复动作，共8个八拍（图11-4-2）。

图 11-4-2 振肘扁担肩关

作用：此动作主要运动肱二头肌、肱桡肌、臀大肌等肌肉，拉伸侧腰筋结，敲打天部扁担，甩手拍打肩关、地部龙脊，通调"三道两路"，适合治疗颈肩部、肩关节、腰部疼痛及活动不利。

（三）甩球拍腰振脊

动作要点：拍打天部双肩关及地部夹脊，再模仿花山壁画正面像，双手呈莲花掌上托，肘部弯曲 90°，上下摆动双手，再拍打双膝关穴做 4 个八拍。换手持球重复动作，共 8 个八拍（图 11-4-3）。

图 11-4-3 甩球拍腰振脊

作用：此动作主要运动斜方肌、腰背肌等肌肉，通过拍打天部双肩关、地部夹脊、地部膝关，通调谷道、气道、水道及龙路、火路，适合各种病证。双手呈莲花掌，双肘弯曲呈90°，上下摆动双手，使肩关节内旋、外收，可缓解肩肘关节疼痛。敲打人部夹脊，通调龙路、火路，可缓解颈腰椎小关节的疼痛及活动不利。

（四）直拍骶鞍膝关

动作要点：此动作主要运动股四头肌、腓肠肌等肌肉，拍打地部骶鞍环、膝关，通调龙路、火路，可祛风胜湿、散结，缓解腰腿痛及下肢肌肉酸痛等。甩手拍打人部夹脊，再模仿花山壁画正面像，双手呈莲花掌上托，肘部弯曲90°，上下摆动双手，做4个八拍。换手持球重复动作，共8个八拍（图11-4-4）。

图11-4-4　直拍骶鞍膝关

作用：此动作主要运动髂腰肌、臀大肌、股四头肌、小腿三头肌等肌肉，拉腰骶筋结，松解髋、膝关节，通调"三道两路"，适合治疗下肢关节僵硬、冷痛，腰骶部疼痛、活动不利等症。

四、壮药绣球操的习练要求

（一）柔和灵动，连贯自然

绣球操要求在习练时肢体动作不可僵硬紧缩，应自然放松，尽量做到柔和自如，舒展大方，肢体保持轻巧灵动的活跃状态。习练时需保持身体重心平稳，动作之间的快慢衔接、各姿势间的转换需紧密相随，做到节节贯通。动作路线不可直来直往，应以腰脊带动四肢进行符合人体关节自然弯曲的运动。做到练习后神清气爽，舒适自然，达到通畅道路、平衡气血、扶正祛毒的健身养生效果。

（二）松紧结合，虚实相兼

绣球操的习练过程中，肌肉、韧带及关节等组织应在有节律的收缩放松中达到松筋散结的效果。因此，需在确保动作标准的前提下，将正确而有节律的发力及放松贯穿动作的始终。通过适当的用力再放松，使肌肉、韧带保持一定时间的牵引拉伸状态，可以使一定强度的持续刺激作用于相应的被牵拉部位，增强绣球操平衡阴阳、疏通道路、松解筋结、增强体质的功效。对称与和谐贯穿于绣球操的每节动作之中，无处不体现着虚实相生、刚柔相济的民族文化特点。

（三）球身同步，意念相随

绣球操的练习要求手、眼、身、步、球相配合，一处动，则处处动，不应出现球到而形未至或形已成而球未到的失误，以免影响练习效果。作为练习器械的绣球更是意念的主要集中点，意念多集中于绣球拍击的穴位上，所以动作的变化及绣球的移动需紧密跟随意念的变化，做到意动形随，神形兼备。

参考文献

[1] 曹斌，周维海，韦锦斌，等.菲牛蛭对实验性高脂血症血脂及血液流变学的影响［J］.广西医科大学学报，2010，27（2）：198-200.

[2] 陈洪，郭伟，陈建良，等.术中应用水蛭素治疗出血后脑水肿［J］.中国临床神经外科杂志，2006，11（7）：406-407.

[3] 陈维英，蒙丽萍，杨丽萍，等.三气养生操情志护理治疗肝郁脾虚型慢性胃炎临床观察［J］.临床医药文献电子杂志，2020，7（37）：99.

[4] 冯光军，朱正光，余传林，等.水蛭乙醇提取物体外抗凝血活性研究［J］.中药材，2007，30（8）：909-911.

[5] 甘霖，钟鸣.常见病证壮医诊疗规范［M］.北京：北京大学医学出版社，2004.

[6] 高世超，殷海波，刘宏潇.骨关节炎从瘀论治思路探讨［J］.中国中医药信息杂志，2015，22（4）：98-100.

[7] 韩文博，孙爱军，孟丽君，等.水蛭抗动脉粥样硬化作用研究进展［J］.天津中医药，2019，36（7）：724-727.

[8] 胡耀红.水蛭调脂及抗动脉粥样硬化作用机制的研究［D］.天津：天津医科大学，2014.

［9］黄汉儒.中国壮医学［M］.南宁：广西民族出版社，2018.

［10］黄瑾明，黄桂华，李美康，等.广西黄氏壮医针灸流派临床经验全图解
［M］.北京：人民卫生出版社，2019.

［11］黄瑾明，宋宁，黄凯.中国壮医针灸学［M］.南宁：广西民族出版社，
2010.

［12］黄瑾明，宋宁，黄凯，等.壮医针灸学［M］.北京：中国中医药出版社，
2017.

［13］黄晓蒂，郭永良，黄立中，等.水蛭提取物对人肝癌 Hep G2 细胞化疗药
物敏感性的影响及诱导凋亡机制探讨［J］.中华中医药杂志，2015，30（6）：
2094-2096.

［14］霍金，赵囤琪，袁永，等.穴位埋线疗法作用机制的研究现状［J］.中
国针灸，2017，37（11）：1251-1254.

［15］李具宝，张磊，屈尚可，等.治疗膝骨关节炎近十年文献中特殊内服中
药分析［J］.中国中医骨伤科杂志，2013，21（3）：36-38.

［16］李文廖，福龙，殷晓杰，等.七种水蛭抗血小板聚集与抗凝血研究［J］.
中药药理与临床，1997，13（5）：33-35.

［17］林琴，黄美芳，蒋荞筱.壮医三气养生操与壮医养生［J］.中国民族医
药杂志，2020，26（7）：75-76，80.

［18］刘佳，徐桐，梁嘉钰，等.埋线疗法的不良反应及处理方法［J］.中国
针灸，2016，36（11）：1166-1168.

［19］吕琳，曾振东.壮医常用诊疗技术操作规范［M］.北京：北京大学医学
出版社，2017.

［20］马立昌，单顺，张金霞.微创穴位埋线实用技术［M］.北京：中国医药
科技出版社，2011.

［21］马重兵，刘安国，朱田田，等.穴位埋线疗法不良反应及处理方法综述
［J］.中华中医药杂志，2019，34（9）：4214-4216.

［22］庞声航，王柏灿，莫滚.中国壮医内科学［M］.南宁：广西科学技术出
版社，2004.

［23］任晓艳.穴位埋线的源流及其机理探讨［J］.中国医药学报，2004，19（12）：
757-759.

［24］宋森.组织疗法介绍［J］.中级医刊，1951，（3）：166-170.

［25］孙文善.埋线疗法的传承与创新［N］.中国中医药报，2015-11-18（4）.

［26］唐天禄. 顽固性腰痛"穴位植线"疗效报告（附 64 例病案分析）［J］. 江苏中医药，1964，（6）：14-16.

［27］田雪飞，孙婧，方圆，等. 水蛭提取物对肝癌 Hep G2 细胞 DNA 去甲基化作用研究［J］. 湖南中医药大学学报［J］.2011，31（9）：8-11，22.

［28］王安纲，王祖效. 宽体金线蛭的调查及生物学特性的观察［J］. 水利渔业，2005，25（5）：40-41，82.

［29］王晓江. 中国汉族及几种少数民族小儿推拿的发展及特点［J］. 按摩与康复医学，2018，9（5）：1-4.

［30］王晓燕，鲁斌. 穴位埋线疗法临床研究新进展［J］. 中医药导报，2015，21（22）：92-95.

［31］韦英才. 实用壮医筋病学［M］. 南宁：广西科学技术出版社，2016.

［32］吴飞，陈海艳. 壮医针刀经筋解结治疗腰椎间盘突出症临床研究［J］. 中国民族医药杂志，2016，25（1）：12-14.

［33］徐敬田，葛晓彬. 穴位埋线疗法源流考［J］. 中医文献杂志，2016，34（6）：19-21.

［34］薛涵予. 壮药绣球操改善维持性血液透析患者肌少症的临床研究［D］. 南宁：广西中医药大学，2020.

［35］殷德厚，周堤. 温藏组织穴位植入疗法治疗支气管喘息 51 例疗效观察［J］. 黑龙江医刊，1959，（11）：14-16.

［36］虞逸舒，董雪莲，艾炳蔚. 穴位埋线研究现状及相关思考［J］. 针灸临床杂志，2020，36（3）：90-93.

［37］钟鸣. 中国壮医病症诊疗规范［M］. 南宁：广西科学技术出版社，2009.

［38］周艳，马重兵，刘安国，等. 穴位埋线临床操作技术的分类与进展［J］. 上海针灸杂志，2019，38（8）：948-952.

［39］KOEPPEN D, AURICH M, RAMPP T. Medicinal leech therapy in pain syndromes:a narrative review［J］.Wiener Medizinische Wochenschrift，2014，164（5-6）：95-102.

［40］MICHALSEN A, DEUSE U, ESCH T, et al.Effect of leeches therapy (*Hirudo medicinalis*) in painful osteoarthritis of the knee: a pilot study［J］.Annals of the Rheumatic Diseases，2001，60（10）：986-994.